하나님의 현저한 임재

His Manifest Presence
copyrigh ⓒ 1998 Don Nori
All right reserved.
Published by Destiny Image Publishers, Inc.
P.O. Box 310, Shippensburg, PA 17257-0310
All rights reserved.
Korean Translation Copyright ⓒ 2009 by Shekinah publications.

이 책의 한국어판 저작권은 쉐키나 출판사에 있습니다.
저작권법에 의해 한국에서 보호받는 저작물이므로 무단전재와 무단복제를 금합니다.

하나님의 현저한 임재

다윗의 장막에서 솔로몬의 성전으로 옮겨 가기

단 노리 지음
고병현 옮김

처음으로 내게 하나님의 충만함을 보여 주고
그분의 분명한 임재를 향한 탐구를 독려해 준
래리 가르시아에게 이 책을 바친다.

| 차례 |

서문 ... 9

1부 § 주님의 마음 깊은 외침

1. 하나님의 갈망 그 백성 가운데 거하시는 것 ... 15
2. 하나님의 불 그분께서 준비시키시는 방법 ... 26
3. 하나님의 역사 성소로부터 ... 56
4. 하나님의 계획 내면에 있는 그분의 말씀 ... 84
5. 하나님의 표징 솔로몬 성전 ... 111

2부 § 솔로몬의 성전을 향해

6. 하나님의 베푸심 구원의 충만함 ... 127

3부 § 주인의 용도에 맞도록

7. 하나님의 솜씨　내적 영역의 변화 ... 167

8. 하나님의 목표　마음의 회복 ... 184

후기 ... 213

서문

인간은 항상 안정감을 필요로 해왔다. 예부터 안정감은 마음의 평화를 주는 것으로 여겨졌고, 실상 인류는 그렇게 인식된 필요를 모든 시간과 개인적 자원을 바쳐 충족시키려 했다. 이 '필수 요소'로써 자신과 가정을 지켜 어려움과 재앙으로부터 보호할 수 있다고 믿은 것이다. 그러한 면에서, 대부분의 사람들은 일생 가운데 일어날지도 모르는 끔찍한 일에 대비하는 데에 정력을 쏟고 있다. 인류의 음악과 철학, 종교의 상당 부분 역시 안정감이라고 하는, 붙잡을 수 없는 목표에 대한 갈망을 정의하고 확립하며, 표현하는 데에 사용되어 왔다.

하지만 인간이 만든 모든 안정을 위한 수단이 실패할 때엔 어떤가? 우리의 모든 에너지로 안정감에 대한 소망조차 만들어내지 못한다면, 인간의 철학이 우리가 갖는 두려움을 정의할 수 없고 종교 체계가 확신이나 진정한 내면의 평화를 줄 수 없다면 어떨까? 이러한 '목발'들이 힘을 잃기 시작할 때, 인간은 삶 전체가 혼돈에 빠지는 것을 느낀다. 인간은 자신에게 안정감을 주던 요새가 무너짐을 볼 때, 아무런 소망도 도움을 얻을 곳도, 해답도 없이 버려진다.

바로 이 시점에 개인적으로 살아계신 신의 실재성에 대한 탐구를 시작하게 된다. 철학과 공허한 종교 전통들을 초월하고, 혼란한 세상 속에 실재적이고 현실적인 해답을 주는 신 말이다. 경제적 추세와 정부의 실패, 자연 재해와 상관 없이 실재적이고 영구적인 안정감을 주는 신 말이다.

사람이 하나님을 살아 실재하시는 분으로 보기 시작할 때, 이론과 철학 공론들, 종교 의식들은 곧 얄팍함을 드러낸다. 교리와 신조들의 공허함과 소망 없음을 감추려는 부패한 시도라는 것이 드러나는 것이다. 인류에겐 진정한 소망이 있다! 인생의 폭풍 가운데에도 피난처와 공급처가 있다. 우리의 유일한 소망은 하나님의 분명한 임재 안에 있는 영속적인 안식의 장소를 발견하는 것이다. 교회 개척의 신학은 우리를 구원할 수 없다. 우리의 소망은 예언적 말씀이나 우리 예배의 꼼꼼함에 있지 않다. 우리의 소명이나 사역에 기초한 것도 아니다. 백악관 the White House에 누가 거하든 상관 없으며, 오직 하나님의 집 His House에 누가 거하는지가 관건이다.

외부 조건들이 우리가 하나님의 임재 안으로 들어가도록 도울 수는 있지만, 그 자체로는 소망을 주지 못한다. 노래하는 자들과 춤추는 자들이 이스라엘 백성의 출전出戰에 선행했을 때, 적들에게 공포감을 준 것은 결코 탬버린 소리가 아니었다. 하나님의 분명한 임재가 대적의 심장을 쿵쾅거리게 한 것이다. 이것은 오늘날도 동일하다.

이 책은 하나님의 백성 가운데 영광스러운 충만함으로 거하길 원하시는 하나님의 열망을 역설하고, 하나님의 임재를 통해 우리가 누릴 수 있는 것들에 대한 개요를 제공한다. 또한 하나님의 임재를 경험하기 위한 실제적 지침을 가르치며, 깨어짐과 순결함이 하나님과 진정 친밀한 관계를 갖는 데에 왜 필수적인지를 증거한다.

이 책을 읽는 여러분은 하나님께서 어떻게 다윗의 장막의 예배가 성숙해 솔로몬 성전의 충만함으로 나아가길 원하시는지 보게 될 것이다. 솔로몬의 성전에는 영광의 구름이 있었고, 통치가 거기서 시작되었다.

하나님께서는 그분의 백성들 가운데 임재를 드러내기 원하신다. 하지만 이 일은 그 백성들이 하나님을 그 모든 충만함 안에서 좇기를 배울 때에만 가능하다. 이 책을 통해 하나님의 임재의 모든 충만함이 여러분의 삶에 임하고, 모든 행사에 하나님의 임재를 드러낼 수 있게 되기를 기도한다.

펜실베이니아 쉬펜즈버그에서 단 노리

1부
§
주님의 마음 깊은 외침

1
하나님의 갈망
그 백성 가운데 거하시는 것

마지막 때의 교회를 향한 하나님의 예언적 말씀

그리고 주께서 딸 시온의 부정을 씻어 주시고, 심판의 영과 불의 영을 보내셔서, 예루살렘의 피를 말끔히 닦아 주실 것이다. 그런 다음에, 주께서는, 시온 산의 모든 지역과 거기에 모인 회중 위에, 낮에는 연기와 구름을 만드시고, 밤에는 타오르는 불길로 빛을 만드셔서, 예루살렘을 닫집처럼 덮어서 보호하실 것이다. 하나님께서는 예루살렘을 그의 영광으로 덮으셔서, 한낮의 더위를 막는 그늘을 만드시고, 예루살렘으로 폭풍과 비를 피하는 피신처가 되게 하실 것이다(사 4:4-6).

낮의 열기와 밤의 폭풍우가 땅에 임하지만, 하나님께서는 다가올 환란의 때를 지나가도록 그 백성을 위해 예비하신다. 이사야가 미래의 백성들이 옛 이스라엘 백성들처럼 밤에 불기둥으로 인도함을 받으리라고 예언한 것은 그저 우연이 아니다. 옛날 이스라엘 백성들과 같이, 그들도 낮에는 연기로 덮으사 보호하실 것이다.

닫집과 기둥은 사실 하나님의 분명한 임재를 나타낸다. 이것은 마지막 때의 교회를 향한 하나님의 예언적 말씀이다. 하나님의 분명한 임재가 우리와 함께 가리라는 약속이다. 이 땅 곳곳에 하나님의 분명한 임재를 드러낼 남은 자들을 찾고자 하시는 것이 하나님의 뜻이요 열망임에는 의심의 여지가 없다.

하나님의 임재

하나님께서 옛날에는 예언자들을 시켜서, 여러 번에 걸쳐 여러 가지 방법으로 우리 조상들에게 말씀하셨으나, 이 마지막 날에는 아들을 시켜서 우리에게 말씀하셨습니다. 하나님께서는 이 아들을 만물의 상속자로 세우시고, 그로 말미암아 온 세상을 지으셨습니다. 아들은 하나님의 영광의 광채이시요, 하나님의 본바탕의 본보기이시요, 자기의 능력 있는 말씀으로 만물을 보존하시는 분이십니다. 그는 죄를 깨끗하게 하시고, 높은 곳에 계신 존엄하신

분의 오른쪽에 앉으셨습니다(히 1:1-3).

주께서는 당신의 성전에 임하려 하신다. 말라기 3장 1절은 이렇게 말한다. "너희가 오랫동안 기다린 주가, 문득 자기의 궁궐에 이를 것이다." 주께서는 당신의 성전에 이르려 하신다. 갑자기 우리에게 오실 것이다. 우리 가운데 실재적으로 행하실 것이다. 이러한 일이 일어날 때, 우리는 하나님께서 우리 가운데 계심을 분명히 이해하고 인식하게 될 것이다.

하나님의 임재를 바라보는 데에는 크게 두 가지 방법이 있다. 먼저는 그분의 무소부재, 즉 하나님께서 어디나 계시다는 측면이다. 우리가 그분을 감지하든지 못 하든지, 하나님께서 어디나 계시다는 것을 알아야 한다. 하나님께서는 온 땅에 충만하시다. 우리가 어딜 가든, 하나님께서는 우리의 기도를 들으신다. 왜냐하면 하나님의 임재가 온 땅에 가득하기 때문이다.

하지만 하나님의 임재에는 더욱 구체적인 양상이 있는데, 그것이 분명한 임재이다. 하나님께서 자신을 실재적으로, 그리고 개인적으로 드러내실 때면 그분의 임재는 분명해진다. 하나님께서 여러분의 영혼 가운데에 자신을 실질적으로 드러내시고, 의심의 그늘을 넘어 마음에 말씀하신다는 것을 여러분이 확신할 때 이러한 일이 일어난다. 여러분은 하나님의 분명한 임재를 체험하는 것이다.

하나님께서는 자신의 분명한 임재로 교회를 가득히 채우실 것이고, 결국 우리의 오감으로 모두 느껴질 정도가 될 것이다. 하나님께서는 치유를 통해 자신을 드러내신다. 변화를 통해 드러내시고, 회복을 통해 드러내신다. 또한 예언으로도 나타내신다. 어떠한 물리적 감각을 통해 자신을 드러내실 때면, 항상 하나님께서 자기 백성 가운데 계시다는 가시적인 증거가 있다.

우리는 눈에 보이는 것이 아닌 믿음으로 행하지만, 하나님께서 자신을 계시하시는 것은 우리의 믿음을 **위해서**가 아니다. 오히려 우리의 믿음에 대한 반응으로 나타나시는 것이다. 우리의 믿음은 시공을 초월해 하나님께서 움직이사 자연계 내에서 우리에게 반응하시도록 한다.

하나님께서는 늘 물리적이고 실재적인 방식으로 스스로를 자신의 백성에게 드러내기를 기뻐하신다. 태초부터 하나님의 목적은 자신의 백성에게 분명한 신이 되시는 것이다. 구속의 목적은 전적으로 하나님께서 자기 백성을 자신을 위해 씻기사 자신을 계시하시기 위함이며, 또한 그들과 분명한 방식으로 거하시기 위함이다. 하나님께서는 자기 백성과 지내며 거하기를 기뻐하신다.

사전에서는 '분명함manifest'이라는 단어를 '감각 기관을 통해 쉽게 인지됨, 이성으로 수월하게 이해되거나 인식됨, 명백함'이라고 정의한다. 이것이 하나님께서 이 마지막 때에 자신을 우리 가운데 드러내고자 하시는 방식이다.

"주께서는, 그들이 밤낮으로 행군할 수 있게, 낮에는 구름기둥으로 앞서 가시며 길을 인도하시고, 밤에는 불기둥으로 앞길을 비추어 주셨다. 낮에는 구름기둥, 밤에는 불기둥이 그 백성 앞을 떠나지 않았다(출 13:21-22)."

이것은 하나님께서 백성들에게 자신을 어떻게 분명히 드러내셨는지에 대한 완벽한 예다.

하나님의 분명한 임재에 대한 또 다른 강력한 예는 출애굽기 24장 12~18절에서 찾을 수 있다.

"주께서 모세에게 말씀하셨다. '너는 내가 있는 산으로 올라와서, 여기에서 기다려라. 그러면 내가, 백성을 가르치려고 몸소 돌판에 기록한 율법과 계명을 너에게 주겠다.' 모세가 일어나서, 자기의 부관 여호수아와 함께 하나님의 산으로 올라갔다. 올라가기에 앞서, 모세는 장로들에게 일러 두었다. '우리가 여러분에게 돌아올 때까지 여기에서 우리를 기다리고 있으시오. 아론과 훌이 여러분과 함께 있을 것이니, 문제가 있는 사람은 누구든지 그들에게로 가게 하시오.' 모세가 산에 오르니,

구름이 산을 덮었다. 주의 영광이 시내 산 위에 머무르고, 엿새 동안 구름이 산을 뒤덮었다. 이렛날, 주께서 구름 가운데서 모세를 부르셨다. 이스라엘 자손의 눈에는 주의 영광이, 마치 산 꼭대기에서 타오르는 불처럼 보였다. 모세는 구름 가운데를 지나고, 산 위로 올라가서, 밤낮 사십 일을 그 산에 머물렀다."

여기 하나님께서는 귀에 들리도록 ("주께서 말씀하셨다"), 그리고 눈에 보이도록 ("타오르는 불처럼") 나타나셨다. 하나님께서는 온 이스라엘에게 눈에 또렷이 보이도록 나타나셨다.

하나님께서는 이스라엘이 광야를 지날 때에도 분명히 자신을 드러내셨다.

"성막을 세우던 날, 구름이 성막, 곧 증거궤가 보관된 성막을 덮었다. 저녁에는 성막 위의 구름이 불처럼 보였으며, 아침까지 그렇게 계속되었다. 그것은 늘 그러하였다. 구름이 성막을 덮고 있었으며, 밤에는 그 구름이 불처럼 보였다. 구름이 성막 위로 걷혀 올라갈 때면, 이스라엘 자손은 그것을 보고 난 다음에 길을 떠났고, 구름이 내려와 머물면, 이스라엘 자손은 바로 그 자리에 진을 쳤다"(민 9:15-17).

하나님께서는 자기 백성 가운데 나타나셨다. 이것이 그들에게는 낯선 일이 아니라 꽤나 잦은 일이었다. 세상 모든 민족은 각각의 신을 소유했으나, 이스라엘은 하나님께서 그들 가운데 거하셨다는 면에서 독특하다.

세상의 모든 민족은 이스라엘을 볼 때 떨었을 것이다. 왜냐하면 그들이 섬기는 하나님께서 그들 가운데 분명히 나타나셨기 때문이다. 이스라엘은 하나님을 뵈었다. 그분을 알았다. 하나님께서 이스라엘 백성 가운데 계셨다.

모세를 이스라엘의 구원자로 부르신 그 능력의 날에 가시나무 떨기 불꽃 가운데 나타난 것이 하나님의 임재였다. 하나님의 임재가 너무나 강력했기 때문에, 하나님께서는 모세에게 신을 벗으라 명하셨다. 성경은 선포한다.

"네가 서 있는 곳은 거룩한 땅이기 때문이다"(출 3:5).

우리는 솔로몬의 성전에서 솔로몬에게 영광으로 임하신 하나님의 임재를 본다. 주님의 임재는 너무나 명백하고 강해서 제사장들은 일조차 할 수 없었다.

"제사장들이 성소에서 나올 때에, (제사장들은 갈래의 순번을 가리지 않고, 모두가 이미 정결 예식을 마치고 거기에 들어가 있었고, 노래하는 레위 사람들인 아삽과 헤만과 여두둔과 그들의 아들들과 친족들이 모두, 모시 옷을 입고 심벌즈와 거문고와 수금을 들고 제단 동쪽에 늘어서고, 그들과 함께 나팔 부는 제사장 백이십 명도 함께 서 있었다) 나팔 부는 사람들과 노래하는 사람들이 일제히 한 목소리로 주께 찬양과 감사를 드렸다. 나팔과 심벌즈와 그 밖의 악기가 한데 어우러지고, "주님은 선하시다. 그 인자하심이 영원하다" 하고 소리를 높여 주님을 찬양할 때에, 그 집, 곧 주의 성전에는 구름이 가득 찼다. 주의 영광이 하나님의 성전을 가득 채워서, 구름이 자욱하였으므로, 제사장들은 서서 일을 볼 수 없었다"(대하 5:11-14).

주께서는 여호수아가 여리고에서 이스라엘 백성을 승리로 이끌기 직전에 그에게 나타나셨다.

"여호수아가 여리고에 가까이 갔을 때에, 눈을 들어서 보니, 어떤 사람이 손에 칼을 빼 들고 자기 앞에 서 있었다. 여호수아가 그에게 다가가서 물었다. '너는 우리 편이냐? 우리의 원수 편이냐?' 그가 대답하였다. '아니다. 나는 주의 군사령관으로 여기에 왔다.' 그러자 여호수아는 얼굴을 땅에 대고 절을 한 다음에 그에게 물었다. '사령관님께서 이 부하에게 무슨 말씀을 하시렵니까?' 주의 군대 사령관이 여호수아에게 말하였다. '네가 서 있는 곳은 거룩한 곳이니, 너의 발에서 신을 벗어라.' 여호수아가 그대로 하였다"(수 5:13-15).

자기 백성에게 나타나시는 것이 하나님의 기쁨이다. 중요한 전투에 나가기 직전이었던 여호수아는 지금 주님의 천사를 만남을 인해 힘과 용기를 얻었다. 믿음으로, 여호수아는 이러한 강림이 없었을지라도 하나님께 같은 반응을 보였을 것이다. 주님의 천사가 그 믿음에 대한 반응으로 나타나서 그를 권고하고, 그 믿음을 더욱 확증한 것이다.

신약으로 가보면, 하나님 아버지께서 다양한 방식을 통해 교회에 나타나시는 모습을 본다. 오순절에는 하나님의 임재가 불의 혀와 급하고 강한 바람과 더불어 나타나 제자들이 모여 있던 장소를 휩쓸었다. 임재가 너무나 분명해 그들은 오감으로 주님과 교통할 수 있었다. 그들이 하나님의 분명한 임재를 체험했을 때 얼마나 힘이 솟았으며 얼마나 능력을 덧입게 되었겠는가(행 2:1-4, 14-38)! 그들은 하나님의 임재를 믿고 확신했기에, 성령께서 능력을 주시고 인도하시는 대로 담대하게 복음을 전할 수 있었던 것이다.

사도행전 4장 31절을 보면, 베드로와 요한을 비롯한 제자들이 주께 힘과 능력을 주시길 기도하는 장면이 있다. "그들이 기도를 마치니, 그들이 모여 있는 곳이 흔들리고, 그들 모두가 성령으로 충만해서, 하나님의 말씀을 담대히 말하게 되었다." 주님의 분명한 임재를 인해, 육적인 장애물과 위협 앞에 위축되었던 보잘것없고 유한한 사람들이 변화되어, 기름 부으심과 능력을 덧입은 용사들이 되었다.

우리는 하나님의 분명한 임재가 너무나 필요해지고, 또한 너무나 강력해져서 초대 교회의 역사들이 빛이 바랠 때를 향해 가고 있다. 실상 초대 교회의 역사들을 기적의 표준으로 바라보지 않게 될 날이 다가오고 있다. 왜냐하면 마지막 때의 교회 가운데 주께서 행하실 일은 초대 교회의 일들을 뛰어넘기 때문이다. 하나님의 남녀 종들이 전례 없는 담대함으로 일어나 커다란 긍휼과 권세로 하나님의 말씀을 선포할 것이다. 하나님의 분명한 임재는 그들로 하여금 강하고 확신 있게 죄가 죄임을 선포하게 할 것이다. 왜냐하면 그들은 주께서 친히 자신들의 말을 확증하신다고 세상에 증거할 것이기 때문이다.

성경은 스데반이 돌에 맞을 때, 그의 얼굴이 천사처럼 빛났다고 기록한다. 그 빛남이 하나님의 분명한 임재가 아니고 무엇이겠는가? 스데반은 복음을 위해 자신의 영을 주께 맡기어 승리를 얻었고, 하나님의 임재는 그를 영원의 세계로 인도했다. 바울이 다메섹 도상에서 말에서 떨어졌을 때, 주의 말씀이 그에게 임했다. 다른 이들에게는 천둥 소리같이 들렸지만, 바울에게 그것은 하나님의 분명한 임재였다. 그가 주님 앞에 엎드려 죄를 회개했을 때, 그는 종신토록 온전히 헌신된 주 예수 그리스도의 제자가 되었다.

사도행전 12장 6절에는, 베드로가 사슬에 묶여 두 간수 사이에서 자고 있는 장면이 나온다. 땅이 진동했을 때, 사슬은 떨어져 나갔고 주의 천사가 그에게 나타나 감옥 밖으로 인도했다.

이 세대에 우리는 임마누엘(하나님께서 우리와 함께 계시다)의 계속적 성취를 목도하기 시작하고 있다. 하나님께서는 항상 자기 백성들 가운데 살며 거하고, 나타나기를 원하셨다. 맨 처음 아담과 하와에게 그러셨던 것처럼 말이다. 서늘한 저녁에 아담과 동행하셨듯, 하나님께서는 우리와도 함께 하기를 원하신다. 그럼으로써, 우리가 하나님의 임재와 능력, 영광을 실질적으로 경험하는 백성이 되도록 말이다. 이것을 요할 날들이 바로 우리 앞에 있다. 환란과 고통의 때는 항상 그의 백성들을 하나님의 임재 가운데로 이끌었고, 그 능력을 강하게 체험하게 했다. 어려운 시기는 오늘도 하나님의 백성을 하나님께로 밀어, 그분의 분명한 임재를 소유하게 할 것이다.

2
하나님의 불
그분께서 준비시키시는 방법

하나님의 임재-우리의 유일한 소망

그 날이 오면, 주께서 돋게 하신 싹이 아름다워지고 영화롭게 될 것이며, 이스라엘 안에 살아 남은 사람들에게는, 그 땅의 열매가 자랑거리가 되고 영광이 될 것이다. 또한 그 때에는, 시온에 남아 있는 사람들, 예루살렘에 머물러 있는 사람들, 곧 예루살렘에 살아 있다고 명단에 기록된 사람들은 모두 '거룩하다'고 일컬어질 것이다 (사 4:2-3).

매일 나는 주 예수 그리스도의 임재가 내 삶에 필요함을 절실히 인식한다. 날마다 하나님께서는 그분을 떠나 텅 빈 내 모습을 보여 주신다. 하나님 없이는 아무것도 이룰 수 없는 나의 무능을 보여 주신다. 나의 소망은 주님의 영광에 있다.

나는 한때 그 소망이 자기 전에 사탕Popsicle을 먹고 싶어하는 내 자녀의 바람과 비슷하다고 생각했다. 아이들은 자기 전에 그걸 먹으면 매우 좋아한다. 하지만 그렇지 않다고 해도, 상관없이 살아간다. 최근에 나는 주님의 영광에 있는 우리의 소망이 그런 것이 아님을 깨달았다. 우리의 소망은 우리가 파산 상태임을 인정하는 것이다. 우리의 유일한 소망은 하나님의 영광이 우리 안에 몰려들어오는 것이다. 우리의 유일한 소망은 하나님의 임재의 불이 우리 삶에 들어와 머무를 곳을 찾는 것이다.

하나님께서 머무르실 곳

하나님께서는 항상 안에 들어가 사실 수 있는 백성들을 찾으셨다. 우리는 하나님의 강림visitation에 대해 들었지만, 그저 자기 백성을 찾아오시는visit 것은 결코 하나님의 뜻이 아니다. 항상 내주하사 영원히 거하실 수 있는 곳을 찾으시는 것이다.

역대 하에는 하나님께서 성전 봉헌 때에 솔로몬에게 말씀하시는 장면이 있다. 하나님께서는 자신의 임재가 영영히 거할 곳을 찾았다고 하신다. 하나님께서는 방문할 곳을 찾지 않으신다. 머무를 곳을 찾으신다. 하나님께서는 우리의 마음을 보시고, 거기가 자신이 영원히 내주하실 수 있는 곳인지를 보신다.

우리 집에서 몇 시간 떨어진 곳에 친척들이 몇몇 살고 있다. 그들은 종종 우리 집에 놀러 온다. 우리 집에서 2박 혹은 3박 정도를 지내는데, 아이들을 시켜서 손님들이 편안하고 안정되게 쓸 수 있도록 침실을 정돈하는 일은 그리 큰 문제가 아니다. 우리 모두 그들이 잠시 머무르는 것임을 알기 때문이다. 우리는 그들의 방문을 즐기고, 그 때문에 사소한 불편이 있을지라도 온 식구가 쉽게 견디는 것이다. 친척들이 짐을 싸서 떠나면, 모든 것은 원상태로 복구된다. 아이들도 자기 방으로 돌아가고, 모든 게 전처럼 돌아가기 시작한다.

하지만 누군가 우리 집에 이사 와 살기 시작한다면, 그 때의 배치는 분명히 많이 다를 것이다. 가정의 일상이 **영구적인** 변화를 겪는다. 영속적인 목적을 가지고 조정과 정리를 하게 된다. 누군가를 집안에 맞아 영원히 함께 산다는 것은 우리의 생활 방식을 **완전히** 바꾸는 일이다. 모든 일이 이뤄지는 일상에 영구적인 변화가 필요한 것이다.

마찬가지로 하나님께서는 우리의 마음 가운데 들어와 영원히 거하며, 우리를 통해 통치하기를 원하신다. 단순히 와서 우리를 구원하거나, 그저 성령의 충만함을 주시려는 것이 아니라 주 되심이 우리 안에나 우리 주변의 모든 사람에게 드러나기를 원하신다. 우리의 유일한 소망은 하나님의 영광이 우리에게 임해 우리 안에 거하는 것이다. 그 때에만 하나님께서 우리 삶을 소유하실 수 있다. 그 때에만 하나님께서 원하시는 그대로 우리가 변화될 것이다. 우리의 소망, 우리의 유일한 소망은 하나님의 영광이 분명히 드러나는 것이다.

이스라엘 백성들이 바로 그렇게 하나님의 분명한 임재에 의존했다. 낮엔 구름 기둥으로, 밤엔 불 기둥으로 역사하지 않으셨다면, 그들은 어디로 가야 할지를 몰랐을 뿐 아니라 광야에서 생존조차 못했을 것이다! 그들은 분명한 하나님의 임재로 인도를 받았다. 하나님께서 그들에게 말씀하셨고, 길을 보여 주셨다. 그분의 분명한 임재를 통해 그들이 하나님의 역사를 볼 수 있었던 것이다.

우리는 자신의 백성과 소통하길 원하시는 하나님을 섬긴다. 하나님께서는 자기 백성과 친밀하기를 원하는 분이시다. 하나님께서는 우리가 깜짝 놀라는 것을 원치 않으신다. 하나님께서 어떤 계획을 갖고 계신지를 우리가 알기를 원하신다. 예수께서는 말씀하셨다.

"이제부터는 내가 너희를 종이라고 부르지 않겠다. 종은 주인이 무엇을 하는지 알지 못한다. 나는 너희를 친구라고 불렀다. 내가 아버지에게서 들은 모든 것을 너희에게 알려 주었기 때문이다"(요 15:15).

주께서는 우리에게 말씀하시고 자신의 가장 깊은 갈망을 나눌 수 있는 친밀감의 장소로 우리를 부르고 계신다.

사도 바울은 기록한다. "하나님께서 모든 성도 가운데서, 가장 작은 자보다 더 작은 나에게 이 은혜를 주셔서, 그리스도의 헤아릴 수 없는 부를 이방 사람들에게 전하게 하시고, 만물을 창조하신 하나님 안에 영원 전부터 감추어져 있는 비밀의 경륜이 무엇인지를 모두에게 밝히게 하셨습니다. 하나님께서는 이제 교회를 시켜 하늘에 있는 통치자들과 권세자들에게 하나님의 갖가지 지혜를 알게 하려고 하시는 것입니다. 이 일은, 하나님께서 우리 주 그리스도 예수 안에서 성취하신 영원한 뜻을 따른 것입니다"(엡 3:8-11).

하나님께서는 우리에게 비밀을 알려 주고 싶어하신다. 다차원으로 이뤄진 하나님의 지혜는 오랜 세월 동안 감춰져 왔으며, 하나님께서 바로 그 비밀한 것을 우리 마음 가운데 전해 주고 싶어하시는 것이다. 다른 모든 피조물들에게는 감춰진 그것을, 하나님께서는 우리에게 드러내고자 하신다. 이것이 우리와 친밀한 우정과 교제를 누리길 원하시는 하나님의 열망이다.

이스라엘 백성들은 하나님의 역사를 볼 수 있었고, 거기에 반응했다. 구름이 들리었을 때, 그들은 짐을 싸서 움직였다. 그리고 구름이 내려오면, 다시 짐을 풀어 머물렀다. 그것이 하루든 일주일이든, 한 달이든 일년이든 상관이 없었다. 그들의 소망은 하나님의 영광에 있었다. 하나님의 분명한 임재에 있었던 것이다. 오늘날 우리의 유일한 소망은, 하나님께서 자신의 분명한 임재를 다시 한번 우리 가운데 보여 주시는 것이다.

단계적 계시의 여정

그러므로 우리는 하나님 안에서 순례의 길을 계속 갈 수밖에 없다. 우리는 단계적 계시의 여정 가운데 있으며, 그것은 우리를 하나님께로 이끌 것이다. 하나님이 계신 곳에 우리도 있도록 말이다 (요 14:3). 하나님은 우리를 위해 순결하고 거룩하고 친밀하며, 아버지께 온전히 기쁨이 되는 거처를 예비해 두셨다. 우리는 우리의 선조들이 그랬듯 계속 전진해야 한다.

"그는, 하나님께서 설계하시고 세우실, 튼튼한 기초를 가진 도시를 바라고 있었던 것입니다"(히 11:10).

너무나 많은 그리스도인들이 하나님과 하나님의 말씀을 바라볼 때, 깔끔히 정리된 식품 저장소처럼 모든 게 예측 가능하다는 생각을 한다. 크게 변할 건 없다는 것이다. 하지만 그런 상태에 하나님을 모시기엔 우리 마음이 너무 부적합하다. 우리는 유한하고, 하나님은 무한하시다. 우리는 육적이며, 하나님은 영적이시다. 신학적 교리가 많은 경우 단계적 계시를 향한 크나큰 장애물이 됨을 알아야 한다. 우리는 단계적 계시가 없이 하나님의 목적 안에서 전진할 수 없다. 그렇기에 하나님 안에서 앞으로 나아가지 못하는 것이다.

성경은 교리나 신학의 책이 아니다. 교의나 개인적 전통들이 반듯하게 정리되어 있는 찬장이 아니다. 성경은 본질적으로 우리로 하여금 예수께서 하나님 우편에 앉아계심을 보여 주는 창이요, 우리를 향한 하나님의 갈망을 충만하게 이해시켜 주는 길이다.

우리가 믿고 받아들이는 진리는 분명히 성경과 조화를 이루며, 성경으로 증명되어야 한다. 하지만 단계적 계시에는 유연성이 요구된다. 나 자신의 육적 통찰력과 거룩한 계시 사이에는 차이가 있다. 우리는 말씀으로부터 임하는 새 빛에 마음을 열어야만 하나님의 분명한 계시 안에 성장하며, 그것을 온전히 체험할 수 있다.

다윗의 장막이 영광스럽기는 했지만, 하나님의 임재의 최종 목적지는 그곳이 아니었다. 역사 속에 강력히 증거된 것은, 영광의 구름으로 상징되는 하나님의 충만함이 다윗의 장막엔 결코 임하지 않았다는 것이다. 일단 모세의 성막에서 블레셋 족속이 언약궤를 훔쳐가자, 영광의 구름은 다시 임하지 않았다.

우리 함께 전진하자. 어떤 이슈나 교리를 둘러싸고 머문 과거의 운동들의 덫에 걸려 넘어지지 말고, 솔로몬의 성전에 나타난 하나님의 황홀한 충만함으로 나아가자. 거기엔 하나님의 임재가 감춤 없이 온전히 가득하고, 오늘도 하나님을 완전하고 온전하게 경험하라고 부르신다. 거기에서는 살아계신 하나님과의 달콤한 교제가 극치에 달해 우리의 영과 육을 다스리시게 된다. 그렇게 우리는 시편 73편 17절에 기록된 다윗의 선포를 헤아릴 수 있게 되는 것이다. "그러나 마침내, 하나님의 성소에 들어가서야, 악한 자들의 종말이 어떻게 되리라는 것을 깨닫게 되었습니다." 그 때엔 미가가 예언한 주님의 가르침과 그 분의 뜻대로 배우고 행하는 일이 성취될 것이다.

"민족마다 오면서 이르기를 '자, 가자. 우리 모두 주의 산으로 올라가자. 야곱의 하나님이 계신 성전으로 어서 올라가자. 주께서 우리에게 주의 길을 가르치실 것이니, 주께서 가르치시는 길을 따르자' 할 것이다. 율법이 시온에서 나오며, 주의 말씀이 예루살렘에서 나온다"(미 4:2).

하지만 치러야 할 값이 있다. 하나님께서는 이것이 모든 관계 중에 가장 강력하길 원하신다! 그런데 값이 터무니 없다. 여러분의 삶을 요하는 것이다! "제 목숨을 얻으려는 사람은 목숨을 잃을 것이요, 나를 위하여 제 목숨을 잃는 사람은 목숨을 얻을 것이다"(마 10:39). 삶에서 이보다 값진 것이 없음을 알고, 우리가 기꺼이 값을 치르기로 결정하면, 그 값을 어떻게 치르게 되는지 보게 될 것이다.

이것은 하나님께서 오늘날도 성전의 화려하고 아름다운 자연미에 반응하신다는 말이 전혀 아니다. 하나님께서는 솔로몬의 성전처럼 영광스러운 **영적 거처**를 원하신다. "우리가 하나님의 작품"(엡 2:10)이라는 데에는 의심의 여지가 없다. 금과 은, 보석들이 우리 마음 안에 있는 것이다.

유연성의 필요

나는 직업 덕에 전 세계의 사람들과 대화를 나누게 된다. 그들 대부분은 우리가 성령의 크나큰 기름 부으심과 대부흥을 맞기 직전에 있다고 말한다. 우리가 쓰임 받길 원한다면, 우리의 가죽 부대를 부드럽게 관리해야 할 것이다. 하나님께서 우리를 변화시키시도록 해드려야 한다. 우리는 부지런하여 매너리즘에 빠지지 않게 해야 한다. 우리는 단순히 존재함에 만족해선 안 된다. 그리스도인들 가운데 지루함을 느끼는 이들은 보통 강퍅해서 주님의 음성을 들을 의지도 능력도 없다. 하나님 앞에 연하고 유순하며 조용한 이들이 세상에서 가장 바쁘고, 가장 충만한 이들이다.

우리가 부드러운 상태일 때 하나님의 영광이 임한다. 그로 인해 우리가 변화될 수 있는 것이다. 하나님께서 교회 혹은 성도 개인의 삶에 임하실 때, 모든 것이 변해야 한다. 한동안 하나님께서는 어떤 일도 제대로 하지 않으시는 듯 보일 수 있다. 우리의 교리를 뒤엎으시고 예배와 방법들을 변화시키실 것이다. 하나님께서 자신의 백성에게 임하시면, **모든 것이 변하는** 일이 역사적으로 반복되어 나타났다. 우리 가운데 하나님께서 분명히 드러내시기를 사모해야 한다. 그저 때를 따라 방문하시는 것이 아닌, 우리 삶에 사랑과 기름 부음으로 내재하시도록 말이다.

하나님께서는 사태를 어지럽힐 준비를 하고 계신다. 우리의 선입견과는 도무지 맞아떨어지지 않는 많은 일들을 일으키실 것이다. 하지만 하나님께서는 움직이고 계시며, 우리 안에 하나님의 임재를 확립하실 것을 믿는다. 하나님의 임재는 자신의 백성들 가운데 너무나 분명해져, 누가 말씀을 선포할 때나 예배 때, 아니면 서로를 위해 기도하기만 해도 치유와 회복이 일어날 것이다. 어떤 면에서는 이러한 일들이 이미 일어나고 있다. 이런 역사에 곧 엄청난 가속도가 붙을 것이다. 주님의 임재에 대한 인식이 실재적이 되어, 서로에게 하나님이 함께 하심을 설득할 필요가 없어질 것이다. 하나님께서는 회중들 가운데 스스로를 계시하실 것이다.

하나님의 분명한 임재가 밤의 불이나 **낮**의 연기로 나타나지는 않을 수 있지만, 어찌됐건 현실적일 것이다. 이스라엘 백성들은 하나님의 분명한 임재를 보고 이렇게 말할 수 있었다. "하나님께서 저기 계시네." 우리도 그렇게 될 것이다. 하나님께서는 자신의 백성 한가운데 임하사 우리로 "하나님께서 운행하신다. 저기 계신다"라고 말할 수 있게 하실 것이다.

이것이 전부가 아니다. 하나님께서는 열방 가운데에도 자신을 증거하실 것이다. 그렇지 않으면 어떻게 열방이 빛으로 모여들겠냐고 선지자 이사야가 말하지 않았는가?

하나님께서는 자신을 사랑하는 백성**에게** 드러내시고, 자신을 사랑하는 백성을 **통해** 나타나실 것이다. 믿는 자나 믿지 않는 자 할 것 없이, 세계의 눈이 하나님을 향할 것이다. 이 마지막 때에 하나님께로 부르신 백성들을 통해 자신을 드러내실 때, 하나님께서는 성도들을 구별하실 것이다.

혼돈과 고난이 사방에 가득할 때가 이르고 있다. 인간이 만든 교리와 기구들은 우리 앞에서 무너질 것이다. 안전감을 느낄 수 있는 곳이 없을 것이다. 모두가 숨을 곳, 피난처를 찾아 헤맬 것이다. 어떤 이들은 언덕으로 뛰고, 어떤 이들은 산으로 향하며 어떤 이들은 굴로 숨고, 어떤 이들은 숨을 곳을 찾지 못해 나무들이 자기 위에 떨어지길, 바위가 떨어져 두려움과 혼란으로부터 구원되기를 간구할 것이라고 성경은 기록한다. 하지만 하나님의 백성에게는 피난처가 있을 것이다. 하나님의 백성들은 곧 이 땅에 다가올 폭풍우를 피할 은신처를 얻을 것이다. 그 은신처는 바로 지존자 하나님의 임재다. 시편 기자가 기록했던 것처럼 말이다.

"주께서 나를 도우셨기에 나 이제 주의 날개 그늘에서 주님을 즐거이 노래하렵니다"(시 63:7).

하나님의 백성은 이 안식처를 발견해야 한다. 그들이 지구에 곧 임할 일들을 견디기 원한다면, 하나님의 분명한 임재가 은신처임을 알아야 한다.

우리의 '연필 원칙'을 버려야 한다

'연필 원칙'에 대해 들어본 적이 있는가? 현재로서 주님을 이해하고 그분께 반응하기에 도움이 되는 전통 및 방법론을 가리키는 말이다. '연필 원칙'은 교리가 아니기에 쉽게 교체

될 수 있다.

어떤 주제에 대해 이러한 일시적 원칙이나 '도움'들이 하나님의 궁극적인 뜻이라는 생각을 하기 시작하면, 심각한 문제가 발생한다. 예를 들어, 많은 교회들은 예배와 찬양 시간에 프로젝터를 사용해 찬송가 가사를 보여 주고 있다. 하지만 어떤 이유로든 주께서 찬양집으로 교체하라는 말씀을 하시면 순종할 수 있을까?

집회 시간과 성경 공부가 또 다른 예다. 화요일 오전 여성 모임이 하나님의 섭리로 볼 때 긴요한 도구일 수 있다. 그러나 모든 교회에 그것을 필수조건으로 요구한다면 문제가 될 것이다. 화요 모임은 '연필 원칙'이다. 다시는 유효하지 않을 일시적인 필요일 수 있다.

우리가 예배나 삶의 다른 분야에서 따르고 있는, 그렇지만 하나님의 분명한 임재가 나타나면 버려야 하는 '연필 원칙'들이 있다. 이 '원칙'들은 일시적으로 유용할 수 있지만, 하나님께서 오셔서 질서를 변화시키시면 우리는 그것들을 지워버릴 수 있어야 한다. 그것들을 애써 완고하게 붙잡는 일이 없어야 하는 것은, 하나님께서 항상 우리를 전진하게 하시기 때문이다. 이러한 외부적 요인은, 우리가 고속도로를 달릴 때 바깥 풍경이 바뀌듯 자주 바뀔 수 있는 것이다.

우리는 엄청난 흥분과 기대감의 때에 살고 있다. 하나님께서는 우리 위에 운행하려 하신다. 하나님께서 이스라엘 백성들에게 임재하신 것처럼, 오늘날도 실재적으로 자신을 드러내길 원하신다. "예루살렘아, 일어나서 빛을 비추어라. 구원의 빛이 너에게 비치었으며, 주의 영광이 아침 해처럼 너의 위에 떠올랐다"(사 60:1). 주님의 영광이 교회 위에 떠오르면, 그것은 눈에 보일 것이다. 사람들이 하나님의 함께 하심을 알 것이다.

"어둠이 땅을 덮으며, 짙은 어둠이 민족들을 덮을 것이다. 그러나 오직 너의 위에는 주께서 아침 해처럼 떠오르시며, 그의 영광이 너의 위에 나타날 것이다. 이방 나라들이 너의 빛을 보고 찾아오고, 뭇 왕이 떠오르는 너의 광명을 보고, 너에게로 올 것이다"(사 60:2-3).

이것은 동화 속 이야기가 아니다! 실제로 일어날 일이고 일어나고 있다! 어둠이 깊음을 덮고, 극심한 어둠이 사람들을 덮는다. 그러나 주의 영광은 교회 위에 떠오를 것이다. 열국은 그 빛으로 나아올 것이다. 우리의 소망은 연필 원칙에 있지 않다! 부흥을 향한 우리의 소망은 프로그램에 있는 것이 아니다.

종교적 위조의 날들은 불현듯 종을 칠 것이다. 무언가 말은 하지만 실제로는 전혀 다른 걸 믿는 날은 속히 끝을 맞을 것이다. 왜냐하면 그 날엔 우리의 위선이 드러날 것이기 때문이다.

종교적 거짓의 날도 급속히 끝에 이를 것은, 전 세계의 남종과 여종들이 실재를 구하고 있기 때문이다. 우리가 살아남을 수 있는 유일한 길은 진실하시고 살아계신 하나님을 찾는 것, 진실되고 살아 있는 장막, 곧 우리의 피난처 되신 하나님의 임재를 발견하는 것이다.

그 날에 성가대 지휘자로서의 자질은 도움이 되지 않을 것이다. 뛰어난 음악가라든지 예배 인도자라 해도 차이가 없을 것이다. 가장 환상적인 배너를 만들 수 있는 예술적 재능이나 성령 안에서 가장 멋진 춤을 출 수 있는 능력 또한 소용이 없을 것이다. 오직 하나님께서만 우리 삶에 도움이 되신다. 그리고 그분의 임재가 우리에게 안식을 주고 힘을 줄 것이다.

우리는 매 순간 하나님의 기적적인 능력을 경험해야 할 것이다. 그것은 내주를 통한 하나님과의 친밀한 교제가 있을 때에만 이뤄질 것이다. 지금은 '하나님을 만날 만한 때에 우리가 구해야 하는 시점'이다. 하나님의 뜻과 열망을 따르고 하나님의 영으로 하여금 우리를 영광에서 영광으로 변화시키시도록 할 때에야 우리는 다가올 날들을 맞을 수 있을 것이다. 부흥과 회복, 성령의 강림을 향한 우리의 유일한 소망은 하나님께서 자기 백성 가운데 그 영광을 세우시는 것이다.

내가 주님에 대해 배운 것들 중 가장 위대한 것은 주께서 자기 백성들로 하여금 타성에 젖도록 하지 않으신다는 것이다. 사람들이 "자, 이번 주일에 이렇게 했으니 다음 주에도 그렇게 하면 되겠다"라거나 "올해엔 성경 공부를 이렇게 인도했으니, 내년에도 그렇게 해야지"라는 말을 하는 순간, 하나님께서 간섭하사 변화를 일으키신다. 왜냐하면 하나님께서는 결정권을 갖기 원하시는 분이시기 때문이다. 선택은 하나님께 있다.

주님의 영광이 교회에 나타날 때, 그저 "하나님, 원하시는 그대로 다 하세요"라는 말로 반응하는 사람이 있을 것이다. 하나님의 백성은 그분과 말다툼을 하지 않을 것이다. 그들은 전통이나 교리에 매이지 않을 것이다. 하나님께서 말씀하시지 못하도록 자기 의견을 고수하는 일은 없을 것이다.

주님의 임재의 백성

하나님께서 일으키시고 있는 백성은 그들의 전통과 하나님의 뜻을 분별할 수 있을 것이다. 그들은 인간의 교리와 주님의 교리를 분간하며, 하나님의 뜻이 성취되도록 인간적 교리를 내려놓을 것이다. 교파적, 혹은 은사주의적 '흐름'의 포로가 되지 않을 것이다. 그들은 주님의 말씀을 듣고, 말씀으로 하여금 인도하게 할 것이다. 순전히 하나님의 음성을 따라서만 움직일 것이다.

이사야는 열방이 빛으로 달려올 것이라 했다. 하나님께서는 그저 한 주 한 주 살 수 있게 힘을 내라고 이야기해 주시는 것이 아니다. 이것은 사건이자 시간 속에 일어나는 일들이며, 우리들 곧 마지막 때의 교회에 대한 예언이다. 그리고 이 예언들은 하나님께서 예언자들을 통해 말씀하신 대로 성취될 것이며, 그들이 전한 말씀은 성취되었다. 하나님께서는 여전히 선지자들을 통해 말씀하고 계시며, 하나님의 말씀은 여전히 성취되고 있다. 하나님의 분명한 임재가 자신의 백성 가운데 이뤄질 것이다.

"이방 나라들이 너의 빛을 보고 찾아오고, 뭇 왕이 떠오르는 너의 광명을 보고, 너에게로 올 것이다"(사 60:3).

가라지를 태우심

시온의 공의가 빛처럼 드러나고, 예루살렘의 구원이 횃불처럼 나타날 때까지, 시온을 격려해야 하므로, 내가 잠잠하지 않겠고, 예루살렘이 구원받기까지 내가 쉬지 않겠다 (사 62:1).

하나님께서는 여러분의 삶을 하나님의 임재로 비추길 원하신다. 여러분에게 불을 붙여 주길 원하신다. 우리의 구원은 '타오르는 횃불처럼' 될 것이다. "주께서 시온을 택하시고, 그

곳을 당신이 계실 곳으로 삼으시기를 원하셔서, 이렇게 말씀하셨다. '이 곳은 영원히 내가 쉴 곳, 이 곳을 내가 원하니, 나는 여기에서 살겠다. 이 성읍에 먹을거리를 가득하게 채워 주고, 이 성읍의 가난한 사람들에게 먹을거리를 넉넉하게 주겠다. 제사장들로 의로운 일을 하게 하고, 성도들로 기쁨의 함성을 높이게 하겠다. 여기에서 나는, 다윗의 자손 가운데서 한 사람을 뽑아서 큰 왕이 되게 하고, 내가 기름 부어 세운 왕의 통치가 지속되게 하겠다"(시 132:13-17). 하나님의 기름 부음받은 자를 위한 등불이 누구인가? 바로 우리다! 우리는 하나님의 기름 부음받은 자를 위한 등불로, 하나님의 불꽃을 지니고 다닐 사명을 띤 것이다.

주님의 영광은 그 백성 가운데 나타나야 한다. 하나님께서는 우리의 육적 사고 체계를 쪼개실 것이다. 우리의 인본주의를 깨뜨리실 것이다. 우리의 타성을 부서뜨리실 것이다. 우리의 감상적 태도를 파하실 것이다. 우리의 '중산층 주의'를 가만두지 않으실 것이다. 그리고 우리가 단순히 존재하지 못하도록 하사, 당신의 영광과 공의, 그 목적 안에서 하고자 하시는 일을 이루실 것이다.

주께서는 우리 삶에 오직 알곡만 남을 때까지 가라지들을 태워버리실 것이다. 하나님의 불로 우리 육체를 소멸하사, 영적인 것이 드러나게 하실 것이다. 이런 방식으로 우리는 하나님의 임재를 증거할 수 있게 될 것이다.

베드로는 말한다. "우리는 그의 위엄을 눈으로 본 사람들입니다"(벧후 1:16). 교회가 하나님께서 하시는 일의 증인이라거나 이스라엘이 하나님의 증인이라는 말씀이 성경에 50군데 넘게 나타난다. 성경은 사람이 하나님의 분명한 임재를 증거해야 한다는 말씀을 50군데 이상에서 증거하고 있다. 하나님께서 "너는 내 증인이 되리라"고 하실 때, 우리는 무엇을 증거한다는 뜻인가? 교리를 증거하는 것이 아니요 조직을 증거하는 것이 아닌, 하나님을 증거하는 것이다. 우리는 하나님의 증인들이다. 요한은 예수의 증인으로 왔다. 예수께서는 하늘 아버지께서 하시는 일 그대로만 말하고 행했다고 하셨다.

우리가 하나님의 증인으로 부르심을 받을 때마다, 우리는 현실의 증인이 되는 것이다. 하나님을 증거하는 것이다. 우리는 하나님의 분명한 임재를 증거하는 것이다. 우리는 이 세상의 체계와 도무지 경쟁할 수 없다. 우리가 이 세상의 체계로써 세상을 예수 그리스도께 드리려 한다면, 성공할 수 없을 것이다. 우리가 가진 돈이나 자원, 정신적 능력으로는 세상에 금이 가게 할 만한 영향력도 미칠 수 없다. 우리의 유일한 소망은 성경이 성취되는 것이다. 우리의 유일한 소망은 하나님의 임재가 안식할 곳을 찾는 것, 곧 하나님께서 자신의 백성 가운데 영원히 거하시는 것이다.

무소부재인가, 분명한 임재인가?

이제 하나님의 무소부재에서 분명한 임재로 초점을 옮겨야 할 때가 왔다. "하나님께서 여기 계신다"라고 말하는 것은 너무 쉽다. 누구라도 그렇게 말할 수 있는 것은, 실재로 **하나님께서 여기 계시기** 때문이다. 하지만 하나님께서 여러분에게 자신을 드러내실 때, 하나님께선 전혀 다른 '여기'에 계신 것이다! 우리가 하나님의 '여기' 계심을 아는 것은, 우리에게 말씀하시기 때문이요 우리의 마음을 움직이시기 때문이며, 삶이 변하기 때문이다. 또한 내가 하나님을 보고 만지고, 느낄 수 있기 때문이다.

A.W. 토저는 하나님께서 매혹적인 충만함으로 자신을 교회에 드러내고자 하신다는 말을 한 적이 있다. 이 일은 하나님의 매혹적인 충만함을 드러내 주시기를 기다리는 교회가 생기는 즉시 일어날 것이다. 주께서는 또한 세상이 하나님 없음을 인해 썩어 가고 있으며, 교회가 하나님의 임재에 굶주려 있다고 말씀하신다. 우리는 너무나 오랫동안 원리에 만족해 왔다. 아무리 은사주의 원리라고 해도 때로 우리는 하나님과 그분의

임재, 말씀, 그리고 위로에 대한 정열을 잃게 한다.

교회는 하나님의 마음을 눈앞에 두고 있다. 하나님께서는 그저 "주 예수님, 우리 가운데 오세요. 주 예수님, 오셔서 무엇이든 뜻대로 하세요. 저의 신학을 깨시고, 저의 육욕을 부수시며 인간적 갈망을 헤치시고, 인간적 의지를 무너뜨리시고, 저를 땅에 묶어 두는 모든 것을 깨 주세요. 하나님, 제 안에 주님의 뜻을 이뤄주세요! 오셔서 제 삶에 당신을 드러내세요!"라고 말하는 사람이 있기를 기다리고 갈구하며 계신다. 그러한 기도가 있을 때 주께서 응답하사, 오셔서 우리에게 불을 붙여 주실 것이다.

하나님의 갈망은 하나님의 영광이 머물 수 있는 교회와 사람들을 소유하시는 것이다. 하나님의 갈망은 열방의 피난처 곧 하나님의 기름 부음받은 자(메시아)를 위해 등불을 찾으시는 것이다. 하나님의 계획은 자신을 위해 거처를 예비하시는 것인데, 그것이 교회다. 주께서는 세례, 혹은 침례를 통해 그렇게 하실 것이다. 주의 백성은 성령과 불로써 하나님께 속하게 될 것이다.

요한은 "나는 여러분에게 물로 세례를 줍니다. 그러나 나보다 더 능력이 있는 분이 오십니다. 나는 그의 신발끈을 풀 자격조차 없습니다. 그는 여러분에게 성령과 불로 세례를 주실 것입니다"(눅 3:16)라고 했다. 우리는 성령의 세례가 무엇인지 알며, 그에 대해 이야기하고 그것을 포용하고 싶어한다. 우리는 성령의 세례를 통해 은사를 덧입고, 증거의 능력을 입으며 그 능력이 우리를 강건케 함을 안다. 또한 그것이 우리 안에 주님의 생명을 창조하고 그분의 역사를 이뤄 가는 데에 필요한 것들을 공급해 줌을 안다. 우리는 전심으로 성령의 이러한 면들을 받아 들인다. 하지만 동시에 우리는 **불** 세례도 하나님의 임재임을 받아 들여야 한다. 주님께서는 불이시다. 우리는 나무 기둥이 타는 것이나 화재가 난 집을 볼 때 불의 능력에 경탄하게 된다. 정말 무섭도록 놀랍다. 불은 아주 무자비하고 파괴적인 힘일 수 있다. 우리는 너무나 자주 불에 대해 이러한 개념만 갖게 된다.

히브리서 기자는 증거한다. "우리 하나님은 태워 없애시는 불이십니다"(히 12:29). 그러나 하나님을 파괴적인 불로 봐서는 안 된다. 하나님께서는 우리 **삶**의 모든 것을, 좋든 나쁘든 무자비하게 태워버리시는 분이 아니다. 하나님께서는 절제되고 질서 있으며 목적이 충만한 불이시다. 태우시는 데엔 분명한 목적이 있다는 것이다. 우리 안에 불을 지피시는 데엔 구체적 근거가 있다. 귀한 것들을 태우지 않으신다. 불순물만을 태우시는 것이다.

우리는 불에 영향을 받지 않는 것은 이미 타고 있는 것뿐이라는 사실을 기억하면 좋을 것이다. 순금은 오직 불로만 연해진다. 더 이상 순수해질 수 없는 것이다. 그러나 무엇이든 순전하지 않은 것은 불을 필요로 한다. 오직 불에 탈 수 있는 것은 아직 타지 않은 것뿐이다.

하나님의 갈망은 자신의 영광을 드러내실 곳을 찾는 것이다. 그리고 하나님의 계획은 우리에게 당신을 심으심으로써 그렇게 하시는 것이다. 나는 더 이상 "내 삶엔 불이 있다"는 말을 하지 않는다. 왜냐하면 하나님께서 내 삶이시기 때문이다. 내게서 불순물을 태우실 때, 하나님께서는 자신의 임재를 내 삶에 드러내신다. 우리가 고통의 풀무 속에서 타고 있다고 말할 때, 하나님께서는 자신을 드러내신다. 우리 삶 속에 역사하고 계신 분이 하나님이시다. 하나님의 인격이 우리에게 계시되는 것이다. 하나님께서는 불이시다.

환란에 대비해

시온에서는 죄인들이 공포에 떨고 경건하지 않은 자들이 두려움에 사로잡힌다. "우리들 가운데 누가 사르는 불을 견디어 내겠는가? 우리들 가운데 누가 꺼지지 않는 불덩이를 견디어 내겠는가?" 하고 말한다. 의롭게 사는 사람, 정직하게 말하는 사람, 권세를 부려 가난한 사람의 재산을 착취하는 일은 아예 생각하지도 않는 사람, 뇌물을 거절하는 사람, 살인자의 음모에 귀를 막는 사람, 악을 꾀하는 것을 보지 않으려고 눈을 감는 사람…(사 33:14-15).

이 구절들이 지옥에 대한 이야기라고 생각했던 때가 있었다. 나는 두 구절의 관계를 이해할 수 없었다. 나는 하나님께 이들이 왜 불 속에 거하는지를 여쭈었다. 누가 영원한 불과 꺼지지 않는 타오름 속에 살 수 있겠는가?

하나님께서는 내게 자신이 불이심을 보여 주셨다. 의롭게 행하는 자는 하나님과 동거할 것이다. 심판이 임할 때, 누가 그 심판을 피할 수 있겠는가? 환란 때에 하나님의 증인이 될 이들이 누구인가? 이미 불로 변화된 이들일 것이다. 이미 불로 정결해진 이들 말이다. 그들이 심판을 견뎌낼 수 있을 것이다.

우리는 언제 불을 마주할 것인가를 선택할 수 있다. 우리는 하나님께서 주시는 환란의 때에 불을 마주할 수도 있고, 아니면 후에 세상이 불을 맞을 때에 그럴 수도 있다. 견디어 주께 쓰임받을 이들은 심판이 자기들에게 먼저 임하도록 한 이들일 것이다. 구약의 선지자가 "그 모양이 횃불 같고 (나 2:4)"라고 말한 것처럼 말이다. 이들이 성령님으로 하여금 변화시키시도록 하고, 심령 가운데 역사하사 불순물들을 태워버리시도록 하고, 죄악을 태우시며 반드시 죄가 아닐지라도 하나님의 임재와 목적으로부터 멀어지게 하는 모든 것들을 태우시도록 하는 이들일 것이다.

나는 펜실베이니아 중남부의 작은 시골 마을에 살고 있다. 우리 집 뒷마당에는 꽤나 큼지막한 정원이 있다. 한때 우리 정원은 너무 커서 거기서 자라는 채소들만으로도 1년 내내 자급자족할 수 있을 정도였다. 우리가 셋째 아이를 낳았을 때까지만 해도, 전혀 야채를 구입할 일이 없었다. 수확 때가 되면, 우리는 남은 작물들을 통조림으로 만들거나 얼려서 그 해를 넘겼다.

그건 우리 가족에게는 정말 흥분되는 시간이었다. 우리는 정원 가꾸기를 즐겨 했다. 아들들은 신선한 야채를 매우 좋아했다. 이상해 보일지 모르겠지만, 우리 아이들은 각종 콩들과 브로콜리, 꽃양배추, 옥수수를 참 좋아했다! 정원은 우리 모두에게 운동으로서나 오락으로서, 함께 보내는 여가로서, 그리고 영양원으로서 아주 유익했다. 물론 장보러 갈 필요가 없어 돈이 굳은 것은 말할 것도 없다. 그후에 사역의 압박이 커졌다. 식구들의 필요도 늘어났다. 우리는 정원을 돌볼 것이냐 하나님께서 주신 양떼를 돌볼 것이냐를 선택해야 하는 순간에 이르렀다. 매우 망설여졌지만, 우리는 정원의 크기를 계속 줄여 나갔다. 그래서 이제는 정원이 아예 없다. 하지만 우리의 상급이 하늘에 있음을 안다. 우리의 정원을 포기한다는 것은 아주 고통스런 일이었지만, 더욱 자유로이 하나님의 뜻을 행하기 위해 그 좋은 것이 불타도록 내어 드렸던 것이다.

우리가 즐겨하거나 좋아하는 일들을 우리 삶에서 제거해야 할 필요가 있는 것은, 우리를 하나님의 목적에서 멀어지게 하기 때문이다. 하나님께서는 그렇게 우리 마음 가운데 일하시고, 하나님의 영광과 사랑, 생명을 우리 가운데 심어 주신다. 우리가 "하나님, 무엇이든지 주님 뜻대로 속히 행하세요"라고 말할 수 있도록 말이다. 우리 가족은 더 많은 일들을 함께 할 수 있게 되었다. 우리 가정 생활이 정원의 상실로 어려워진 것은 없다. 하나님께서는 우리를 그분으로부터 멀어지게 하고, 하나님의 목적을 못 보게 하는 것들과만 우리가 작별하길 원하신다.

주께서 내 주께 말씀하시기를 "내가 네 원수를 네 발판이 되게 하기까지, 너는 내 오른쪽에 앉아 있어라" 하셨습니다. 주께서 임금님의 권능의 홀을 시온에서 보내 주시니, 임금님께서는 저 원수들을 통치하십시오. 임금님께서 거룩한 산에서 군대를 이끌고 전쟁터로 나가시는 날에, 임금님의 백성이 즐거이 헌신하고, 아침

동이 틀 때에 새벽 이슬이 맺히듯이, 젊은이들이 임금님께로 모여들 것입니다(시 110:1-3).

주께서는 깨끗케 하시는 분, 정결케 하시는 분이시다. 씻겨 주시는 분이요 제련하시는 분이시다. 하나님께서는 불이시다. 그 불이 우리를 거룩하게 한다. 열heat은 마음heart을 순결하게 한다.

우리는 "내 삶 속에 하나님의 임재를 아예 경험하지 못하느니 하나님께서 분명히 불로 나타나시기를 구하겠다"고 하는 수준에 이르렀는가? 우리 하나님께서는 소멸시키는 불이시다. 하나님의 갈망은 자신의 영광을 거하게 하실 수 있는 사람들을 소유하시는 것이다. 우리의 반응은 다윗의 것과 같아야 할 것이다.

"그분 계신 곳으로 가자. 그 발 아래에 엎드려 경배하자"(시 132:7).

왜 변화되지 않는지를 모르고 있다면, 왜 기름 부으심이 없는지를 모르겠다면, 우리는 자문해 볼 필요가 있다.

"타는 것이 없는가? 우리는 이기적인 삶을 감싸고 있는가? 나를 지키려 하고 있는가? 죄를 지키고 있는가? 하나님께서 다루기 원하시는 것들을 방어하고 있는가?"

탄다는 것은 성장한다는 것이다. 그리고 하나님의 임재로 탄다는 것은 하나님의 영으로 달아오르는 것이다. 그것은 그저 커다란 카리스마의 미소가 아니다. 하나님의 임재로 발광發光하는 생명과 미소를 낳는 것은 우리 안에 타오르는 하나님의 불이다. 이로써 '하나님의 능력의 날', 곧 '거룩함의 날'에 자원하는 백성이 탄생할 것이다.

하나님의 기름 부음받은 자를 위한 등불

하나님의 열망은 "기름 부음받은 자를 위한 등불"을 찾는 것이다. 하나님의 계획은 자신의 백성으로 하여금 그 등불이 되게 하시는 것이다. 우리의 반응은 이렇게 되어야만 한다.

"주님, 그렇게 하소서. 불순물들을 태워버리소서. 제가 상처받았을 때 주께 반응하도록 가르쳐 주십시오. 제가 잘못을 범했을 때 주께 반응하도록 가르쳐 주십시오. 모든 상황 가운데 주께 반응하게 하소서."

그 결과는 하나님께서 사용하실 수 있는 의지 있고, 예비된 백성의 탄생이다.

하나님께서는 우리 안에 그러한 실재를 확립하사, 자신의 임재가 우리 가운데 드러나게 하신다. 우리가 하나님께서 무언가 하심을 안다면, 어떻게 그것이 부정적일 수 있겠는가?

패배할 때에라도 나는 승리할 것이다. 모든 걸 날려버릴 때조차 내게는 이득일 것이다. 그러므로 우리에게는 소망만이 있다.

비둘기의 모양이든 불의 모양이든, 하나님께서는 우리 안에 자신을 드러내사 그 임재가 분명하게 하길 원하신다. 그것은 교회에서일 수도 있고, 집이나 직장에서일 수도 있다. 그 일이 일어나면, 사람들이 우리를 볼 때 예수를 보게 될 것이다. 우리가 복음을 전하기 때문이 아니라, 우리 삶이 하나님의 분명한 임재로 빛을 발할 것이기 때문이다. 하나님께서는 우리에게 자신을 드러내고 계신다. 이 분명한 임재는 열방을 교회로 이끌 것이다.

하나님의 임재가 우리를 보호하는 것이다. 우리에게 마음과 생각의 평안을 주는 것도 그 임재다. 그러면 "네 왼쪽에서 천 명이 넘어지고, 네 오른쪽에서 만 명이 쓰러져도, 네게는 재앙이 다가가지 못할 것이다(시 91:7)"라는 말씀을 알 것이다.

그래서 이것이 나의 평안이요 안식인 것이다. 평안은 하나님께서 무소부재하시며, 그 임재가 어디에나 있다는 데에 이성적으로 동의하는 데서 얻어지지 않는다. 그렇다고 그러한 선포를 그저 지적으로 받아들인다고 되는 것도 아니다. 하나님의 임재라는 실재를 감정과 인격과 영으로 체험하는 것이다. 그러면 나는 "예수 그리스도께서 나와 함께 계신다는 것을 안다"고 말하게 된다.

"하나님이 우리 편이시면, 누가 우리를 대적하겠습니까?" (롬 8:31) "주께서 나를 도우시는 분이시니, 내게 두려움이 없다. 누가 감히 내게 손을 대랴?"(히 13:6)

예수를 신뢰하면, 삶 가운데 그분의 임재가 우리가 구하거나 상상하는 이상으로 늘어날 것이다.

3
하나님의 역사
성소로부터

지금 하는 말의 요점은 이러합니다. 곧 우리에게는 이와 같은 대제사장이 한 분 계시다는 것입니다. 그는 하늘에서 지엄하신 분의 보좌 오른쪽에 앉아 계시는데, 성소 곧 참 장막에서 섬기시는 분이십니다. 이 장막은 주께서 세우신 것이요, 사람이 세운 것이 아닙니다 (히 8:1-2).

하나님의 말씀이 시온 (하나님의 백성 곧 그분의 교회)으로부터 나오기에, 그 목적은 우리 삶에 영향을 미쳐 변화시키는 것이다. 하나님께서는 우리에게 너무나 많은 것을 전해 주고자 하신다. 그리스도인으로서 살아가는 데에 진짜 '골자'는 우리가 노래를 어떻게 하고, 예언과 설교를 어떻게 하는가가 아니며, 하루에 몇 시간씩 사람들을 섬기는가도 아니다. 우리의 마음이 주 앞에서 얼마나 부드러운가 하는 것이다. 우리는 스스로 물어야 한다. "내가 하나님 앞에서 얼마나 변하고 있는가?" 우리의 궁극적 섬김은 주님 앞에서지, 목사나 사람들 앞에 보이는 것이 아니다. 우리가 섬기는 것이 하나님을 향한 것임을 진정 이해할 때, 주께서 항상 우리를 보고 계심을 깨닫게 된다. 홀로 집에 있을 때나, 직장에 있을 때나 어디서나 말이다. 언제나 하나님을 섬길 때면, 내 생활 방식은 그분의 사랑을 투영한다.

왕께서 성소로 오신다

하나님께서는 결코 자신의 교회가 왕 없이 존재하길 의도하지 않으셨다. 절대 지성소(우리 마음)의 보좌가 빈 자리가 되게 하실 뜻이 없으셨다. 주님의 의도는 태초부터 왕이 그 곳에 거하는 것이요, 자신의 백성 가운데 자신의 보좌를 차지하시는 것이었다.

우리가 한 가지 분명하게 아는 것은 주께서 그들 가운데 거하시게 할 백성을 **소유하시리라**는 것이다. 그 백성은 많을 수도, 적을 수도 있다. 그들은 다른 모든 사람들보다 수 광년이나 앞선 듯 보일 수도 있다. 하지만 그들은 하나님의 뚜렷한 임재 외에는 어떤 것으로도 만족하지 않는 사람들이다.

그들은 포기하지 않을 것이고 겁내지 않을 것이다. 하나님께서 그들을 위해 준비해 놓으신 모든 것을 갖기까지는 결코 만족하지 않을 것이다. 그들의 무리가 한 마을에 열 명, 스무 명, 쉰 명 혹은 백 명이 될 수 있지만, 그들이 발견한 조건은 하나님께서는 **상한 심령 가운데 역사하신다**는 것이다.

하나님께서는 마음을 열고 부드럽게 응답하는 이들을 통해 일하실 것이다. 유연한 심령 마음들을 가지고 일하실 것이다. 기꺼이 그들의 계획을 변화시키고, 직업도 바꾸며 이사도 가고, 하나님을 섬기기 위해서라면 무엇이든 할 사람들을 통해 역사하실 것이다. 그들은 하나님의 보좌를 세우기 위해 사용하실 사람들이다. 또한 지금도 그 안에 하나님의 보좌를 **세워 가고 있는** 이들이다.

어느 일요일 밤, 나는 집 뒤편 들판에서 주님과 산책을 하고 있었는데 그날 아침 교회에 충만히 임하신 성령을 인해 주께 감사가 나오기 시작했다. 나는 찬양과 예언과 성경 읽는 시간 가운데 정말 의미 있는 예언적 흐름이 있음을 느꼈다. 너무나 강력하고 암시적으로 느껴졌다! 철길을 따라 걷는데, 나는 아침 집회를 인해 주께 감사하며 우리와 함께 하시는 주님의 임재를 내가 얼마나 감사하는지 말씀 드렸다.

"주님, 성령의 흐름을 충만하게 부어 주시니 감사 드립니다."

성령께서는 놀랍게 반응하셨다. **"무슨 흐름 말이냐?"**

나는 설명했다. "오늘 아침에 교회에서 부어 주신 주님의 영의 흐름이오."

주께서는 내 말을 이렇게 받아 치셨다.

"단, 그것은 흐름이 아니었다. 네가 흐름이라고 생각했던 것은 실상 사람들을 들어올려 내 성소의 중요한 곳으로 들인 것이었다. 거기엔 흐름이 없다. 그 곳은 네가 보는 곳이다!"

기억에 남을 그 가을 저녁, 나는 중대한 진리를 배웠다. 하나님의 임재가 있는 성소에 계시는 성령의 흐름은 마치 어두운 방의 손전등 같은 것이다. 손전등을 들고 방을 헤매며, 이렇게 말할지 모른다. "오, 저기 벽에 그림이 걸려 있는 게 보이네. 그리고 저 쪽엔 피아노가 보이네." 손전등 빛이 방안을 헤치고 나아갈수록, 가구 하나하나를 찾을 수 있을 것이다. 의자들, 탁자, 전등, 책장. 하지만 우리는 손전등이 한순간에, 비춰 주는 한 방향만 볼 수 있는 것이다.

성소의 충만함

하지만 성소의 충만함 속에 거하는 것은, 방 천장에 등불이

켜 있어서 모든 것을 상황과 연결지어 볼 수 있게 되는 것과 같다. 그저 개체나 부분을 보는 것이 아니다. 성소에서는 '우리의 모습이 드러나는 만큼' 볼 수 있게 된다. 그 일요일 아침에 우리가 경험했던 것은 사람들이 손전등을 들고 걸어가는 흐름이 아닌, 머리 위에 불이 켜져 있어 사람들 자신이 보는 것을 이야기하고 있었던 것이다.

손전등만 지닌 삶은 매우 제한적이지 않은가? 그리고 손전등의 원리를 따라 사는 사람들이 있다면, 그들은 진정한 충만함 속에 거하지 못하는 것이다. 그들의 시력과 이해는 빛 한 줄기로 제한되는 것이다. 그러나 우리가 하나님의 충만함을 따라 사역하면, 빛의 홍수가 임해 온전히 보고 인식할 수 있게 된다.

하나님께서는 우리 안에 자신의 보좌와 성소를 세우길 원하신다. 성경은 기록한다. "나 만군의 주가 말한다. 나는 시온을 열렬히 사랑한다. 누구라도 시온을 대적하면 용서하지 못할 만큼 나는 시온을 열렬히 사랑한다"(슥 8:2).

하나님께는 자신의 교회를 향한 열정이 있다. 우리가 미숙하고 유치하고, 인색하게 행동할 때, 우리는 하나님의 임재에 저항하는 것이다. 우리가 하나님의 백성이 되고자 한다면, 하나님을 우리에게로 이끄는 생활방식을 가져야 한다. 우리의 행동을 통해 세상이 하나님께서 우리와 함께 계시지 않다는 생각을 하게 해선 안 된다.

"나 주가 말한다. 내가 시온으로 돌아왔다. 내가 예루살렘에서 살겠다. 예루살렘은 '성실한 도성'이라고 불리고, 나 만군의 주의 산은 '거룩한 산'이라고 불릴 것이다"(슥 8:3). 많은 이들이 교회와 집에서 다른 삶을 살고 있다. 얼마나 위선적인가! 하나님께서는 교회에만 아니라 우리 가정에도 계신다! 항상 우리의 행동을 보시며, 우리의 생각도 아신다. 우리의 옛 육적, 종교적 체계는 이런 위선적 행동이 괜찮다고 말한다. 하지만 우리가 그리스도 안에 있을 때, 그러한 행동은 하나님의 임재와 능력을 삶에서 밀어내는 것이다. 또한 하나님의 내적 기름 부으심을 희석하고, 우리의 증거를 무너뜨리는 것이다.

반면 하나님만을 인해 그분을 사랑하는 이들이 있다. 그러한 이들은 아무도 보지 않는 곳에서라도 주께 순종한다. 그들의 가장 깊은 곳에는 진리가 있는 것이다. 하나님께서는 그러한 심령 가운데 거하실 것이다. 그러한 삶을 통해 하나님 자신을 강력하게 계시하실 것이다.

시온 – 하나님의 거처

"깨어라, 오 이스라엘, 주께서 너를 자유케 하셨으니 잠을 쫓아라. 희년에 시온으로부터 네 구속자가 임하시리라"고 선포하는 찬양이 있다. 이스라엘은 교회를 이르는 것이지만, 시온은 하나님의 거처를 이르는 것임에 주목할 필요가 있다. 이스라엘이 하나님의 임재로 충만해질 수 있는 유일한 방법은 주께서 시온으로부터 나아오시는 것이었다. 시온은 거룩한 산이었다. 시온은 하나님의 성소가 있던 곳이다. 시온이 하나님의 성소였다. 시온 산은 다윗의 장막이 위치했던 곳이다. 하나님의 임재에 자유로이 접근할 수 있던 시온 산은 하나님의 성소였다. 시온은 예루살렘 중심에 있는 언덕이었고, 예루살렘은 이스라엘의 중심이었다.

이스라엘이 하나님으로 충만해질 수 있는 유일한 길은 하나님의 임재가 시온으로부터 나아올 때였다. 하나님께서는 사마리아를 통해 나아오지 않으셨다. 우주선을 타고 오지도 않으셨다. 페르시아를 통해 오지도 않으셨다. 하나님의 임재와 능력, 기름 부으심은 시온 산을 통해 와야만 했다. 하나님의 임재가 시온 산에 세워질 때, 온 이스라엘은 하나님의 임재로 충만해졌다. 하나님의 성소는 시온 산에 있었다. 그리고 하나님의 성소가 시온 산에 세워지면, 온 교회는 하나님의 임재로 충만해질 것이다.

스가랴를 통해 주님께서 약속하신다. "내가 시온으로 돌아갈 것이다. 내가 예루살렘에서 살겠다." 시온 산에 있는 하나님의 임재는 그가 예루살렘 한가운데 계심을 의미한다. 우리는 하나님의 성소로 들어가고, 성소로부터 사역하고 싶다는 말을 한다. 하지만 하나님의 성소가 어디 있는가?

하나님께서는 내 안에 거하신다. 내가 성소로부터 사역을 하려면, 마음으로부터 사역을 해야 한다. 그래서 교회가 거룩함을 되찾아야 한다는 외침이 그렇게 있었던 것이다. 순결, 부드러움, 유연성, 유순함으로 돌아가야 한다는 외침이 그래서 있는 것이다.

성소 사역은 마음으로부터의 사역이다. 내 마음 깊은 곳, 예수 그리스도께서 거하시는 곳으로부터의 사역이다. 예수께서 우리 안에 거하시려면, 심령이 순결해야 한다. **하나님의 성소는 우리 안에 있다.** 그래서 예수께서 이렇게 말씀하신 것이다.

"보라, 왜 여기저기를 쳐다보고 있는가? 하나님의 나라는 너희 안에 있는 것이다"(눅 17:21- 저자의 해석).

내가 구원받기 전 몇 달 동안, 내 마음 깊은 곳에 타오르는 무언가가 하나님께 반응하도록 밀어내는 것을 느꼈다. 이 타오르는 기분은 결국 내가 성령에 굴복하게 했다. 그 때 이러한 생각이 내 마음에 들어온 것이다. "너의 마음을 따르라. 네 마음의 소원을 드리라." 내가 그 조언을 따랐을 때, 예수께 이르렀다. 내가 주께 자신을 드릴수록, 내 마음을 따를수록, 더욱 복음을 증거하고 주님을 섬기며, 다른 이들을 위해 섬기고 기도하는 내 모습을 발견하게 됐다. 이것은 내가 마음, 곧 예수의 거하시는 곳으로부터 사역할 때 일어나는 일이다.

마음으로 사역하기

하나님께서는 우리가 마음에 따라 반응하는 사람이 되길 원하신다. 누군가 말했다.

"사람이 성령 충만을 입으면, 석 달 동안 가둬 놔야 해요. 아직 섬길 준비가 안 됐거든요. 새로 성령을 받은 사람은 최소한 석 달 동안 그저 미친 듯이 행동한답니다."

하지만 우리가 처음으로 예수께 마음을 내어 드렸을 때, 우리는 그분 앞에 부드러운 것이 사실이다. 그러므로 모든 면에서, 새 성도는 가둬 두기보다, 거리로 밀쳐내는 것이 좋다. 아마 6개월 후보다 그 때가 훨씬 하나님의 마음으로 사역할 수 있을 것이다.

우리가 처음으로 죄를 회개하고 마음을 주께 드릴 때, 이렇게 말한다. "하나님, 저를 변화시켜 주세요. 하나님, 저를 바꿔 주세요." 하나님께서는 응답하시고, 강력한 변화가 안으로부터 일어난다. 우리는 단지 마음의 이끌림을 받아, 열정적으로 증거하고 예수에 대해 전파함으로써 주님을 섬기는 것이다.

우리는 거의 모두에게 우리에게 일어난 일, 그리고 우리를 통해 일어난 온갖 놀라운 일들을 전한다. 매일의 삶 속에서 기적을 목격하는 것이다. 그렇기 때문에 우리가 오직 예수만 보이는 마음으로부터 사역하는 것이다.

그 다음에는 무슨 일이 일어나는가? 우리는 다시 자신을 보게 된다. 우리 자신의 문제들을 보게 되고, 필요들을 보게 된다. 우리의 이기심이 다시 기어들어오기 시작한다. 우리 삶의 옛 죄악이 다시 끼어들기 시작한다.

그리고 갑자기 침묵하게 된다. 우리 주변의 사람들이 이렇게 말할지도 모른다. "잘됐네! 저 사람 드디어 안정을 찾는군." 많은 경우 우리가 안정을 찾는 까닭은 육욕과 종교성이 다시 찾아 들었기 때문이다.

정욕이 들어오지 않는 곳에 하나님의 생명과 임재가 샘솟게 된다. 그러한 삶에, 하나님의 능력이 계속 자라가고, 모든 것이 하나님의 생명과 임재로 충만해지기까지 샘솟는 것이다.

하나님 앞에 마음을 지키라

우리는 정원을 가꾸듯 하나님 앞에 마음을 가꿔야 한다. 정원 관리를 시작할 때, 우리는 쟁기 날 등으로 땅을 헤집어야 한다. 하나님께서 일하실 때를 위해 예비하는 것이다. 모든 돌을 치우고, 다른 파편들도 제거해야 한다. 그리고는 토마토, 고추, 양파, 상추, 무, 오이, 호박 등을 심고 장차 우리의 정원이 될 곳에 물을 주기 시작한다. 작물들이 자라기 시작하면, 잡초들도 자라게 마련이다.

우리는 "지난 주에 그 잡초를 뽑았는데… 왜 계속 정원에 자라나는지 모르겠어요"라고 말할지 모른다. 그럴 때엔 정원에 들어가 모든 잡초를 뽑아 버려야 하는 것이다. 수확 때가 이르기까지 계속 그 일을 반복하는 것이다.

우리의 영적 생활도 그와 같다. 때로 "저는 구원받은 날 그 죄를 제해 버렸는데요. 왜 아직도 제 정원에 남아 있는 거죠?" 우리는 그 죄악을 뽑아 내야 한다. 하지만 죄악과 만족의 잡초는 때로 침투의 위협을 줄 수 있다.

우리는 정원을 관리하듯 마음을 지켜야 한다. 우리는 절대 잡초 뽑기를 미뤄 둬선 안 된다. 우리의 회개는 매번 죄의 잡초가 얼굴을 들 때마다 즉각적이어야 한다. 실제 가서 뽑아 내야 하는 게 우리의 책임이다. 그렇게 하지 않는다면, 잡초들은 점점 더 크게 자라갈 것이요 갑자기 토마토와 고추를 점령해서, 우리가 바라는 작물들의 생명을 잠식하기 시작할 것이다.

우리는 핑계를 대지 말아야 한다. "제가 지금 하나님을 섬길 수 없는 건 왜냐하면요…" "제가 현재 하나님과 시간을 보내지 못하는 건요…" "저는 이거 하느라 기도할 시간이 없어요." "저는 딴 거 해야 돼서 정원 관리할 시간이 없어요." 그러한 삶에도 잡초들은 자라 가고 있다. 그들에게 임할 최후는 잔치에 참석하지 못하는 것이다.

이것은 사역을 하고 있는 이들에게 특별히 적용된다. 마음을 정원 가꾸듯 지키지 못한다는 것은 매우 위험하다. 경작하는 데엔 시간이 든다. 잡초를 뽑는 데에도 시간이 든다. 매일 부지런히 주님을 구하고 성령님으로 잡초가 어디에 있는지 보여 주시도록 하여 직접 뽑게 되는 데에는 시간이 든다 (마 13:24-30).

하나님께서는 우리가 주 예수를 섬길 준비가 된 사람, 하나님의 것이라 불리기에 합당한 사람, 하나님의 성소, 곧 우리의 마음으로부터 사역하기에 적합한 사람이 되길 원하신다.

진실된 구원으로 지금-여기 베풀어 주시는 은혜

시편 132편을 다시 보자.

주께서 시온을 택하시고, 그 곳을 당신이 계실 곳으로 삼으시기를 원하셔서, 이렇게 말씀하셨다… "이 성읍에 먹을거리를 가득하게 채워 주고, 이 성읍의 가난한 사람들에게 먹을거리를 넉넉하게 주겠다. 제사장들로 의로운 일을 하게 하고, 성도들로 기쁨의 함성을 높이게 하겠다"(시 132:13, 15-16).

이 익숙한 구절은 하나님께서 제사장들을 하늘로 취하사 그들을 축복하시겠노라고 하지 않는다. 주께서는 하늘을 내려 오게 하사 제사장들을 바로 여기 땅 위에서 구원으로 옷 입히실 것이다. 하나님의 뜻은 그저 우리가 하늘로 가는 게 아니다. 우리가 하나님의 제사장임을 이해하기 시작할 때, 우리를 구원으로 옷 입히시고자 하는 하나님의 목적을 깨닫게 될 것이다. 구원을 옷처럼 입는 것이다. 눈에 보인다는 말이다. 사람들이 볼 수 있게 될 것이다. 사람들을 하나님께로 이끌어 오는 것이 될 것이다. 우리는 하나님의 구원으로 옷 입고 있다.

그 영적인 옷은 날이 더함에 따라 더더욱 뚜렷해질 것이다. 우리는 하나님의 구원 자체로 옷 입게 될 것이다. 하나님의 구원을 땅의 사방까지 지니고 다닐 것이다. 우리가 회개를 전파할 때, 그것은 사람들로 하여금 단지 하늘에 올라가라는 것이 아닐 것이다. 설교는 이와 같을 것이다. "회개하라, 그리고 여기 구원이 당신에게 임하고 있다."

어린 양께 결혼으로 약속 드린 것은 우리가 죽은 뒤에 일어나는 일이 아니다. 어떻게 약혼을 했는데 죽을 때까지 결혼하지 않기를 원하겠는가? 불합리하지 않은가? 성경이 남편과 아내의 관계는 그리스도와 교회의 관계와 같다고 가르치지 않는가? 그게 맞는다면, 우리의 생활방식은 그분과 **현재** 결혼한 것 같아야 할 것이다. 어린 양과 결혼함으로 얻어지는 축복과 구원은 현재 여기서 우리가 체험하는 것이어야 하지 않는가? 그렇지 않으면, 우리는 결혼식을 취소할 수 있다. 왜냐하면 하늘에서 결혼할 것이기 때문이다.

"이 성읍에 먹을거리를 가득하게 채워 주고, 이 성읍의 가난한 사람들에게 먹을거리를 넉넉하게 주겠다. 제사장들로 의로운 일을 하게 하고, 성도들로 기쁨의 함성을 높이게 하겠다." 이것은 바로 지금, 그리고 **여기 이 삶**을 위한 말씀이다. 이 삶에서 우리는 하나님의 구원을 지고 가는 자들이 되어야 한다.

"사람이 한 번 죽는 것은 정한 일이요, 그 뒤에는 심판이 있습니다. 이와 같이, 그리스도께서도 많은 사람의 죄를 짊어 지시려고, 한 번 자기의 몸을 제물로 바치셨고, 두 번째로는 죄와는 상관 없이, 자기를 기다리고 있는 사람들에게 나타나셔서 구원하실 것입니다"(히 9:27-28).

영적 성장을 위해 마음을 순결하게 하라

야고보서 3장 11절을 보자. "샘이 한 구멍에서 단물과 쓴

물을 낼 수 있겠습니까?" 우리는 마음을 정결케 해야 한다. 우리 안에 있는 하나님의 성소를 깨끗하게 하여 언제든 온전함으로 나타나실 수 있게 해야 한다. 어떠한 쓴 것, 미움의 것도 하나님과 함께 나올 수 없다.

"하나님께서 원하시는 제물은 깨어진 마음입니다. 깨어지고 짓밟힌 심령을, 하나님은 멸시하지 않으십니다"(시 51:17). 언제든 깨어질 때, 우리는 부드러워진다. 변화를 받아들일 수 있게 되는 것이다. 삶 가운데 입력input을 허용한다는 것이다. 우리는 목자의 보살핌을 받을 수 있게 된다. 친구로부터 주님의 말씀을 들을 수도 있다. 꾸짖음의 말이라 할지라도 말이다. 우리 마음에 뉘우침이 없다면, 우리는 교정과 입력, 성령의 정화를 받아들일 수 없다. 우리가 옳다고 생각하거나 어떤 조언이 어리석다는 생각을 할 때면, 하나님께 반응하는 것이 불가능하다. 우리가 서로를 그렇게 대한다면, 주님도 그렇게 대하는 것이다.

성경은 이렇게 기록한다. "네가 보이는 형제를 사랑하지 못한다면, 보이지 않는 하나님을 사랑할 수 없다. 그리고 보이는 형제에게 반응하지 않는다면, 보이지 않는 하나님께도 반응할 수 없다"(요일 4:20- 저자의 해석). 사람들은 이렇게 말할 때가 있다. "좋아, 나는 사람의 말은 듣지 않고 하나님의 말씀만 듣겠어." 이러한 사람들은 많은 경우 하나님의 말씀을 놓치게 되고, 반역의 영을 갖게 된다.

구원받은 지 일년도 채 안 되었을 때, 나는 내가 다니던 대학이 있는 동네의 교회에서 간증을 부탁받았다. 강대상에서부터 나는 사람들을 응시했는데, 60여 명이 자리하고 있었다. 너무나 흥분되고 감정이 충만해, 나는 하나님께서 구원 후에 내 삶에 행하신 기적과 같은 능력에 대해 이야기하기 시작했다. 나를 성령으로 채우시고 하나님을 섬기는 도구가 되게 하시려고 정결케 하신 일들을 말이다. 엄청난 열정을 가지고 45분 정도 간증을 했다.

집회 후, 많은 사람들이 인사하며 내게 악수를 청했다. "단 형제님, 하나님께서 축복하실 거예요. 언젠가는 진정되겠죠. 안정을 찾을 거예요." 어떤 사람은 이렇게 말했다. "할렐루야, 단 형제님. 좋은 교회를 만나 안정하게 되길 바랍니다. 좋은 목사님이 돌봐줄 수 있게 되면 좋겠군요." 분명한 것은, 그들 가운데 나의 간증에 충분히 전율을 느끼지 못한 이들이 있었다는 거다! 심지어는 조는 이들도 있어, 내가 무슨 간증을 했는지 제대로 알지 못했다. 격려가 되지는 않았지만, 나는 집회장을 나오며 안정하거나 잠잠하거나, 그저 '기독교 평균'이라는 틀에 갇혀 버리지 않으리라고 결심했다. 비록 젊은 나이였지만,

나는 평균적 기독교인이 되어 하나님께서 내 삶을 위해 준비해 놓으신 것들을 놓칠 것이 너무나 무서웠다. 내가 가장 두려워하는 것은 죽을 때에 내가 태어난 목적을 성취하지 못했음을 깨닫게 되는 것이다. 내 마음의 부르짖음은 하나님께서 이 생에 나를 위해 마음에 두고 계신 모든 것들을 성취하는 것이다.

주님의 뜻이었는지, 10년의 시간이 흐른 뒤 나는 같은 교회 주일 저녁 집회에 초청을 받았다. 엄청난 흥분과 기대감으로 강단에 올라 사람들을 둘러봤을 때, 놀라운 광경이 나를 맞았다. 똑같은 60명의 사람들이 같은 좌석에 자리하고 있는 것이었다. 그들은 같은 표정을 짓고 있었고, 심지어 같은 옷을 입은 이들도 있었다! 어떤 면에서나, 지난 10년간 바뀐 게 거의 없었다.

나는 사람들에게 인사하며 말했다. "자, 여러분. 제가 왔습니다. 10년이 흘렀지만, 날짜는 거의 같지요? 저는 여전히 안정하지 않았고, 열정을 식히지 않았습니다. 변한 게 있다면, 제 안의 불이 더 뜨거워졌고, 더 극단적으로 헌신된 상태며, 하나님의 목적에 더 목숨 바치고 있습니다. 저는 지금 이전 어느 때보다 하나님의 음성을 분명하게 듣는다고 믿습니다. 그리고 오직 하나님의 은혜로 제가 지금 이 자리에 서서 이 말씀을 전할 수 있다고 생각합니다."

하나님께서는 우리가 은혜 안에서, 그리고 지식과 주 예수와의 친밀한 교제 속에서 성장하기를 원하신다. 그래서 우리기 더 큰 열심과 꾸준한 헌신으로 매일을 살아가기를 원하신다. 우리가 하나님께 더욱 순종할수록, 영적 성장에 가속도가 붙는 것을 체험하게 된다. 우리의 마음이 하나님 앞에 부드러울수록, 그분의 뜻이 우리 삶에 더 빠르게 성취될 것이다. 우리가 주 앞에 부드러울 때, 하나님께서 분명한 임재를 드러내실 가능성이 한껏 높아진다.

하나님께서는 각자의 마음 가운데 행하고 계신 하나님의 일에 가속도가 붙기를 원하신다. 우리 삶 속에 하나님의 뜻이 가속되기를 바라시는 것이 주님의 마음이다. 그러나 이 가속도는 하나님께로부터 온다는 것을 기억하는 것이 중요하다. 그것은 육체에서 생겨나지 않는다. 차에서 발로 액셀러레이터를 밟을 때, 엔진이 그 힘을 받아 차의 속도가 올라간다. 마찬가지로 우리가 하나님께 마음을 엶으로써 반응할 때, 하나님께서 그에 응답하사 우리를 더 큰 영적 성장의 방향으로 밀어주신다.

우리가 주께 반응할 수 있고 응답할 의지가 있으면, 우리는 그 가속도를 체험하게 된다. 요엘은 말한다. "옷을 찢지 말고, 마음을 찢어라"(욜 2:13). 구약성경에서 보면, 어떤 사람이 감정적으로 완전한 후회를 한다거나, 완전히 감정적으로 무서움을 느꼈을 때에 옷을 찢었다. 예컨대, 다윗은 자신의 아들이 아픈 것을 알고 자신의 옷을 찢었다고 성경은 기록한다. 이것은 아들의 죽음과 그가 밧세바와 저지른 죄악에 대한 증오를 놓고 표현한 극한 통한이었다.

사도행전에서는 욥바 사람들이 바울을 신이라 부르며 그에게 향을 피울 준비를 해놓은 모습을 볼 수 있다. 바울의 반응은 길 한가운데로 나아가 옷을 찢으려 한 것이었다. 그는 이렇게 말했다. "당신들이 나를 신으로 취하는 잘못이 일어나다니 나는 정말 소름이 끼친다." 이것은 그들의 주의를 사기 위해 보인 바울의 격렬한 몸짓이었다.

하지만 요엘 선지자는 외적 행동을 뚫고 중심을 볼 수 있었다. 사람들이 옷을 찢는다는 건 외적 시위였지만 반드시 내면의 변화가 따르는 것은 아니었다. 요엘은 말했다. "이봐, 내가 한마디 할게. 너희 옷은 그만 찢고 마음을 찢으라고. 회개한 척은 그만하고 진짜로 회개를 해봐. 하나님을 섬기는 척 그만하고, 순수한 마음으로 그분을 섬겨보란 말이야."

우리는 성소로부터가 아닌 방법으로, 혹은 순결한 마음 없이 하나님을 섬기고 있을 수 있다. 이것은 의무감, 두려움, 혹은 죄책감으로 말미암아 주님을 섬길 때 일어나는 일이다. 개인의 이득이나 인기를 위해 주님을 섬길 때 그렇게 된다. 그러한 모든 섬김은 외적이고 정욕적인 것이다. 그것은 옷을 찢는 것과 같지만, 마음을 찢는 것은 아니다.

하나님께서는 옷이 아닌, 마음을 찢을 백성을 원하신다. 마음 깊은 곳으로부터 하나님을 섬길 이들을 원하신다. 그러한 이들은 '주님의 순결하심에 이르기까지' 자신의 마음을 정결케 할 것이다. 욥은 말했다. "주께서 나를 치셨으나, 나는 그분을 찬양할 것이다." 우리는 이렇게 생각한다. "오, 하나님께서 내게 그런 큰 일들을 행하실 거야. 나는 그분을 섬겨야지. 내가 하나님을 섬기면, 내게 차를 사주실 거야." "내가 하나님을 섬기면, 내가 대단히 유명한 가수가 되게 해주시겠지." "내가 하나님을 섬기면, 우리 출판사를 번영케 하실 거야." 그러한 동기에선 구린내가 난다. 하나님의 코에 말 그대로 악취로 올라간다.

욥은 말했다. "하나님, 드릴 말씀이 있어요. 저를 치실 수 있지만, 저는 그래도 주님을 찬양할 거예요." 세 명의 히브리 소년들을 기억하는가? 느부갓네살 왕은 그들에게 말했다. "너희들은 하나님을 부인하여라. 아니면 너희를 풀무 불에 던져 버리겠다."

히브리 소년들은 대답했다. "저희는 하나님을 부인할 수 없습니다. 하나님께서는 풀무 불에서 저희를 구원하실 것입니다." 그리고 불에 들어가기 직전, 사드락, 메삭, 아벳느고는 덧붙였다. "그런데 느부갓네살 왕이시여, 주께서 저희를 구원하지 않으신다 해도 저희는 왕의 신에게 절하지 않을 것입니다. 불 속에 타버려 재가 돼버려도, 저희는 왕의 신을 섬길 뜻이 없습니다"(단 3:15-18, 저자의 해석).

욥은 자녀들과 땅, 가축들을 잃었다. 모든 걸 잃은 것이다. 개들이 욥의 종기를 핥고 있을 때 그는 말했다. "주님, 주님께서 저를 치시지만 저는 찬양할 것입니다." 이것이 성소로부터의 섬김이다. 우리 중에 모든 게 괜찮을 때에도 하나님을 섬기지 못하는 이들이 있는데, 일이 잘못될 때에는 어떠하겠는가?

"보아라, 내가 문 밖에 서서, 문을 두드리고 있다"(계 4:30).

이것은 위대한 구원의 말씀이다. 우리가 전도할 때 항상 사용하듯 말이다. 하지만 주께서는 그리스도인들의 마음의 문 또한 두드리고 계신다. 이렇게 말씀하시는 것이다.

"나 좀 들어가자. 네 마음속으로 들어가게 해다오."

최근에 내가 머물렀던 모텔에서, 나는 방 문에 잠금 장치가 세 개 있는 것을 보았다. 잠자리에 들기 직전, 문을 잠그러 나갔다. 나는 세 개를 다 잠그지 않고, 단지 단추를 하나만 눌러두려 했다. 그런데 갑자기 깨달았다. "아니지, 잠금 장치가 세

개 있다면, 혹시라도 필요하니까 그렇게 돼 있을 거야."

우리와 하나님의 관계도 그럴 수 있다. 우리는 문에 온갖 자물쇠를 걸어 놓았고, 주께서는 계속 노크를 하는 중이시다.

우리는 이렇게 반응할 수도 있다. "하지만 주님, 다른 방은 어때요? 이미 주님을 위해 열어 놨잖아요."

"아니, 난 이 방에 들어갔으면 한다." 이렇게 주장하신다.

하나님께서는 들어오고 **계시며** '타작 마당을 완전히 정결케' 하실 것이다. '가라지는 태우고' 정리하여, 들어오사 하나님의 임재를 세우고자 하실 것이다. 하나님께서는 우리가 성숙의 자리로 들어가 이 땅에서 하늘을 정확히 대변할 수 있게 되기를 바라신다. 하나님께서 자신의 이름으로 행해지고 있는 모든 일에 얼마나 역겨워하실지 상상이 되는가? 나는 상상만 해도 소름이 끼친다. 우리의 기도는 "주님, 제가 주님의 이름으로 무엇을 해야 하늘에서 하고 계신 일을 정확히 나타낼 수 있을까요?"라고 해야 한다.

내가 예수의 이름으로 무언가를 할 때, 이런 말을 하는 것과 같다. "예수께서 여기 계셨으면, 이러한 일을 하셨을 겁니다." 내가 "예수의 이름으로"라고 하는 말은, 예수께서 그러한 일을 하시리라는 것이다. 하지만 진정 그러실까? 주께서 그런 일들을 하실까? 예수께서 "하늘 아버지께서 하시는 것을 본 그대로 외에는 아무것도 하지 않는다"고 하신 말씀의 원칙이 마찬가지로 적용된다. 하늘에 계신 아버지께서 하시는 일을 보신 대로, 바로 그렇게 하셨을 것이다.

순결 24시

아버지께서 우리에게 얼마나 큰 사랑을 주셨는지를 생각해 보십시오. 하나님께서 우리를 당신의 자녀라고 일컬어 주셨으니, 우리는 하나님의 자녀입니다. 세상이 우리를 알지 못하는 까닭은 아버지를 알지 못하기 때문입니다. 사랑하는 여러분, 이제 우리는 하나님의 자녀입니다. 앞으로 우리가 어떻게 될지는 아직 밝혀지지 않았습니다만, 그리스도께서 나타나시면, 우리도 그와 같이 될 것임을 압니다. 그 때에 우리가 그를 참 모습 그대로 뵙게 될 것이기 때문입니다. 그에게 이런 소망을 두는 사람은, 그가 깨끗하신 것과 같이, 누구나 자기를 깨끗하게 합니다(요일 3:1-3).

비슷한 맥락으로, 마태는 이렇게 기록했다. "마음이 깨끗한 사람은 복이 있다. 그들이 하나님을 볼 것이다"(마 5:8). 주님을 뵙고 싶은가? 요한은 말했다. "이런 소망〔주 예수를 뵙는 소망〕을 가진 사람은 주께서 순결하심 같이 자신을 깨끗하게 한다." 누가 하나님을 뵙기 원하는가? 그것은 어디까지나 마음의 문제다. 내 마음은 하나님의 성소이기에, 마음이 순결해야 한다. 내가 마음으로부터, 사랑으로부터, 긍휼과 기쁨, 하나님께서 주신 갈망으로부터 사역할 때면, 나는 그분의 충만함을 드러내게 된다. 내 마음이 깨끗해 불쾌함이 없을 때엔, 하나님의 생명이 나를 통해 자유로이 흘러가게 된다. 나를 내려놓고 하나님의 열정이 나를 움직이게 되는 것이다.

불쾌함과 불순함은 하나님의 기름 부으심이 흘러오는 것을 막는다. 하나님 말씀의 순결함이 우리에게 들어오는 것을 손상시킨다. 순결함으로 사역하지 않을 때 우리의 시각은 편향되고, 우리의 동기는 연약하게 마련이다.

때로 우리는 이렇게 말한다. "하나님, 주님의 충만함을 제게 주세요." 그러나 우리 손에는 다른 것들로 가득하다. "하나님, 제 마음을 주님으로 채워 주세요." 그런데 우리 마음은 너무나 뒤죽박죽이라 주께서 앉으실 자리도 찾을 수 없다. 성탄절 아침 우리네 집안처럼 말이다. 앉을 자리가 보이지 않는다. 장난감도 너무 많고, 포장지도 너무 많이 뒹굴고 있다. 하지만 주를 뵙기 원하는 이들, 곧 자신을 정결케 하고 주께서 임하실 자리를 만들 이들에게는 주님께서 찾아와 다스리실 수 있을 것이다.

한 번은 주께서 내게 물으셨다.

"너는 네가 종교적일 때를 어떻게 구분하니?"

나는 물었다. "어떻게 하죠?"

"네가 아내를 교회 사람들과 다르게 대할 때, 종교적인 것이다. 네 아내와 아이들은 네가 교회 성도들에게 하는 것과 같은 대접을 받을 자격이 있다. 네 가정에는 그와 같은 긍휼, 사랑, 이해, 그리고 자비가 필요한 것이다."

주께서는 내가 교회 사람들에게 가지는 정도의 인내심을 가지고 캐시Cathy를 대하지 않으면, 죄악 중에 있음을 보여 주셨다. 나는 "주님, 저는 단지 너무 피곤한 거예요. 캐시는 그렇게 저를 위해 줘야 하잖아요"라고 말할 수 없었다. 나의 태도가 그런 것이라면, 회개해야 한다. 마음의 문제인 것이다. 모든 건 내 마음으로부터 시작한다. 내 마음이 확장되는 곳이 내 가정이다. 내 가정이 확장되면 교회다. 교회가 확장되면 동네community요 그 다음엔 주州며, 그 다음엔 나라고 세계다. 하지만 모든 건 내 마음에서 시작한다. 내가 주님을 어떻게 대하는가, 그 다음엔 아내를 어떻게 대하는가, 또 아들들과 친구들 말이다.

때로 나는 애통한다. "주님, 어떨 때는 제가 화를 못 참는 걸 아시죠? 제발 도와주세요." 아이들에게 화가 날 때, 나는 그것이 옳지 못함을 알기에 내 자신을 낮춰야 한다는 확신이 선 뒤에 아이들에게 다가간다. 나는 아이들에게 용서를 구해야 한다.

"아빠가 잘못했어. 아빠의 죄야. 아빠는 예수님께 가서 용서를 구했단다. 너희들한테 그러지 않았어야 했는데… 용서해 주겠니?"

이런 일은 쉽지 않다. 누가 아홉 살짜리에게 가서 죄악을 범했다고 말하고 싶겠는가? 이러한 경우가 있었을 때, 막내가 한 번은 이렇게 말했다. "아빠는 죄 지었어요. 예수님을 행복하게 안 해드렸어요." 그런 고백을 하고 나면, 다섯 살짜리 아들 조엘에게 이틀 동안 그에 대해 잔소리를 듣는다. 하지만 중요한 건 정직이기에, 내게 유익한 일이다. 진짜 문제는 내가 하나님을 뵙고자 하는가이다. 그렇다면, 나는 자신을 정결케 해야 한다. 나는 내 마음, 그리고 아내, 자녀들과의 관계 및 모든 관계를 정결케 하여 하나님을 뵐 것이다.

"어떤 이들이 생각하는 것과 같이, 주께서는 약속을 더디 지키시는 것이 아닙니다. 도리어 여러분을 위하여 오래 참으시는 것입니다. 그분은, 아무도 멸망하지 않고, 모두 회개하는 데에 이르기를 바라십니다. 그러나 주님의 날은 도둑같이 올 것입니다. 그 날에 하늘은 요란한 소리를 내면서 사라지고, 원소들은 불에 녹아 버리고, 땅과 그 안에 있는 모든 일은 드러날 것입니다"(벧후 3:9-10)!

우리는 어떤 사람들이 되어야 하는가? 하나님께서는 분명히 우리를 거룩한 백성, 의롭게 행하는 백성이 되도록 부르셨다. 그렇게 할 때에만 주님의 날을 앞당길 수 있다. 그 때에만 우리를 향한 하나님의 뜻에 가속도가 붙을 것이다. 상처받기는 쉽다. 그만두기도 쉽고, 포기하기도 쉽다. 우리는 이렇게 말할 수도 있다. "할 만큼 했어." 하지만 하나님의 충만함(하나님께서 우릴 위해 준비해 두신 모든 것)에 들어가고자 하는 갈망이 뒤에서 우리를 밀어 준다. 우리는 하나님께서 뜻을 이루시도록, 우리 안에서 역사하시도록 해드려야 한다.

나는 우리가 결코 지나치게 영적일 수 없다고 생각한다. 우리가 영적이게 되면 '하나님과 동행하다가 사라져버린' 에녹과 같이 된다. 그는 실제로 옮겨졌다. 우리는 옮김을 겪기까지 얼마든지 영적일 수 있는 것이다. 성령께서 우리에게 요구하시는 조건들은 결코 우리의 능력을 초과하지 않는다. 우리는 부드럽고 유연해져, 주님의 순결이 흐르도록 해야 한다. 우리는 마음으로부터 사역하는 사람들이 되도록 부르심 받았다.

우리 마음이 굳거나 화, 쓴 뿌리, 상처로 가득하다면, 우리를 안으로부터 순결하지 못하도록 막는 것들이 있기에 성소로부터의 사역을 감당할 수 없다. 하나님께서는 우리가 우리 마음의 성소로부터 말미암는 순결함으로 사역하길 원하신다. 개인적인 일이나, 설교나 결혼 예배를 인도하거나, 목회나 예언이나 무엇이든 마찬가지다. 우리가 경험할 수 있는, 하나님과의 더 깊은 관계가 있다. 우리가 하나님의 분명한 임재에 마음을 열면 얻어질 수 있는 것이다.

하나님께서는 이 땅에 임하실 것이다. 곧 일어날 일이다. 이미 우리는 어느 정도 그것을 느끼고 있다. 하나님께서 여러 사역들을 예측할 수 없는 방향으로 움직이시는 걸 본다. 우리가 값을 치르면, 하나님께서 역사하신다. 나는 그 역사에 대해 그저 읽거나 듣는 걸로 만족할 수 없다. 그에 대해 출판을 하거나, 글을 쓰는 것으로도 만족이 안 된다. 나는 직접 체험하기를 원하고 주님을 뵙고 싶다.

우리가 마음의 성소로부터, 순결 가운데 사역하는 걸 배우면 하나님의 분명한 임재가 우리 가운데 나타날 것이다. 워치맨 니 Watchman Nee가 지적한 것처럼, 그것이 '정상적인 그리스도인의 삶'이다. 주님께서 충만함으로 우릴 동하게 하사, 하나님의 집을 떠나려 하지 않게 하실 때가 다가오고 있다. 얼마나 기쁜 날이겠는가! 그것이 이 생에 우리에게 주시는 하나님의 약속이다. 우리에게 의지가 있고 순종할 수 있다면, 우리는 땅의 소산을 먹으며 하나님의 충만함을 경험할 것이다.

4
하나님의 계획
내면에 있는 그분의 말씀

하나님의 말씀의 진정한 능력은 우리 안에 있다

주님은 사람의 영혼을 환히 비추시고, 사람의 마음속 깊은 곳까지 살펴보신다(잠 20:27).

하나님의 말씀은 이 등을 켠다. "주의 말씀을 열면, 거기에서 빛이 비치어 우둔한 사람도 깨닫게 합니다"(시 119:130). 말씀이 '내 발에 등이요 내 길에 빛'이 되는 것이다. 그리고 우리는 우리에게 계시하시는 빛, 곧 진리와 지혜와 정직의 빛 가운데 걷는 것에 대한 책임이 있다.

하나님의 말씀이 계시되거나 선포될 때는 언제나, 우리의 이해에 "불을 켠다." 내가 처음으로 구원받았을 때 나는 많은 문제들을 안고 주께 나아 왔다. 그중엔 내가 어둠을 무서워한다는 것도 있었다. 열아홉 살의 대학 2학년생인 나는 기숙사 방에 불이 켜 있지 않으면 잠을 못 잤다. 대다수 사람들은 이해하기 어렵겠지만, 어둠에 대한 두려움이 내게는 진정 공포의 수준이었다. 나는 거듭난 뒤에 말씀을 읽기 시작했는데, 이런 말씀이 눈에 띄었다. "완전한 사랑은 두려움을 내쫓습니다"(요일 4:18). 그 진리를 봤을 때, 나는 그 말씀을 품기로 하고 말했다. "주 예수여, 감사합니다. '완전한 사랑은 두려움을 내쫓습니다.' 저는 다시 두려워하지 않을 것입니다."

그 기도를 하고서 나는 밤에 기숙사에서 잘 준비를 한 뒤에, 불을 끄고 침대로 뛰어들었다. 그런데 여전히 이불 속에 두려워 떠는 내 모습을 발견했다. 나는 되뇌기 시작했다. "완전한 사랑은 두려움을 내쫓습니다.' 하나님, 주님을 완전히 사랑해요. 완전히 사랑합니다. 완전히 사랑합니다." 2~3일 정도 그렇게 되뇌며 기도를 반복해 봤는데 소용이 없자, 나는 하나님의 말씀이 얼마나 유효한지에 대해 의심하기 시작했다.

내가 거듭난 때로부터 이 일이 있기 전까지, 하나님의 말씀이 내 삶에 역사하는 것을 누리며 지냈다. 말씀이 선포한 그대로 체험이 된 것이다. 무엇이 잘못되었는지 궁금했다.

성경을 다시 열고, 하나님께 그 구절의 의미를 이해할 수 있게 해달라고 기도했다. "완전한 사랑은 두려움을 쫓습니다." 나는 하나님을 완전하게 사랑할 수 없음을 깨닫기 시작했다. 그러나 **하나님께서 나를 완전히 사랑하신** 것이었다. 나는 뒤바뀐 개념을 갖고 있었다. 두려움이 사라지는 것은 하나님을 완전하게 사랑할 때가 아닌 (왜냐하면 나는 그러한 사랑의 능력이 없기에), 내가 하나님께서 실로 나를 완전하게 사랑하신다는 진리를 인정할 때 두려움이 그 권세를 잃는 것이었다. 그 시간 이후로 나는 어둠을 두려워하지 않게 되었다.

주님의 말씀이 마음에 임할 때, 등불이 켜지고 그 말씀의 진가를 알게 되며, 우리 안에 변화가 일어난다.

어느 여름 오후, 둘째 아들 도널드Donald가 내 작업실에서 페인트를 발견했다. 물론 도널드는 그것들을 만지면 안 된다는 사실을 너무나 잘 알고 있었다. 그럼에도 불구하고, 도널드는 새 티셔츠에 녹색 에나멜을 묻혔다. 곧장 도널드는 옷을 벗어 빨래 통에 넣고, 다른 옷으로 갈아입었다.

그날 늦은 시간에 도널드가 옷을 갈아입은 걸 보고 물었다. "도널드, 왜 셔츠가 바뀌었지?"

아이는 대답했다. "아, 입었던 게 더러워져서요. 깨끗한 걸

입고 싶어서 새 걸로 입었죠."

"아, 그래?" 나는 대답했다.

아내가 빨래를 하려다가 그 셔츠를 발견한 것은 채 하루도 지나지 않아서였다. 그래서 도널드는 부엌으로 불려갔다. 자신이 한 일의 증거를 보였을 때, 아이는 셔츠에 묻은 녹색 에나멜 얼룩이 무엇인지 설명해야 했다. 결국 도널드는 몰래 작업실에 들어가서 자기 놀이터에 페인트를 가져가려다가 셔츠에 묻히게 된 사연을 털어놓았다.

나는 아이에게 이렇게 물었다. "아빠가 '왜 셔츠를 갈아 입었느냐' 고 했을 때 왜 거짓말을 한 거지?"

"어, 진짜 더러워졌잖아요. 그렇지만 다른 더러운 옷들이 있는 빨래 통 속에 넣어 놓으면, 빨래가 될 테니 아무도 모를 거라고 생각했어요." 첫째 아들 조나단은 그 때 막 학교에서 성경 암송을 시작한 즈음이었는데, 이 모든 대화를 듣고 있었다. 갑자기 눈이 놀랍게 빛나며 함박 웃음을 짓더니, 이런 구절을 암송했다. "결단코 네 죄가 드러날 것이다." 그러더니 이렇게 말했다. "이제 이 구절이 무슨 의미인지 알 것 같아요. 무언가를 잘못하고 숨기려 하면, 어떤 식으로든 드러난다는 것이죠." 우리는 성령의 빛이 조나단의 마음속에 빛나는 것을 보고, 다같이 기분 좋게 웃었다. 아이는 성경의 의미를 새로운 방식으로 배워 가고 있었다. 조나단이 보여 준 통찰력으로, 도널드도 자신에게 무엇이 필요한지를 깨닫게 되었다.

"빛이 임할 때" 우리가 보는 것은, 우리가 삶에서 해결해야 할 것들이다. 하나님의 말씀이 선포되면, 주님의 빛이 우리 영 안에 비춰지고 우리를 향한 주님의 기대를 알게 된다.

'손전등 원리'가 다시 작용하는 것이다. 예수의 보혈로 덮인 우리는 하나님의 임재라는 충만한 빛 속으로 걸어갈 수 있다. 그 충만한 빛이 무엇을 드러낼지에 대한 두려움 없이 말이다. 무엇이 나타나든지, 우리 마음의 유순함과 주 예수 안에서의 자신감이 죄악과 속히 맞서게 해줄 것이다.

아버지로서 10대의 아들에게 이런 말을 할 수 있다. "창고 좀 정리해다오." 열심은 없을지 모르나, 아들은 창고에 들어갈 것이다. 거기서 아들은 어둠을 만날지 모르고, 불을 켤 때까지 어디서부터 시작해야 할지도 모를 것이다. (사실, 무엇이 나타날까 두려워 빛이 없었으면 할 것이다!) 마침내 불을 켰을 때, 아들은 무엇을 해야 할지 발견하게 된다. 그 혼란스러운 상황을 정리할 것에 대해 아버지는 아들에게 책임을 지웠다. 아들은 할 일을 해야만 하는 것이다.

그와 마찬가지로, 주님의 등불이 켜지면 우리는 무엇을 해야 할지 알게 된다. 하나님께서는 우리가 단지 말씀을 **듣는 자**

가 아닌 **행하는** 자가 되길 원하신다. 하나님의 말씀이 그 피할 수 없는 빛을 우리 삶의 특정 부분에 비추게 되면, 우리는 무엇을 행해야 할지 알 수 있다. 우리에게 계시된 진리를 체험하기 위해서, 그 진리 가운데 행하기 위해서, 하나님의 말씀이라는 빛으로 우리 자신을 봐야 한다. 우리가 하나님의 빛이라는 충만함으로 사역하려면, 먼저 이 빛이 우리 안에서 역사하도록 해야 한다. 주께서는 우리가 진리 가운데 행하길 원하신다. 그저 그에 대해 이야기만 하고, 노래만 하고, 춤만 추는 것이 아니라, **행하기**를 원하신다는 것이다. 주께서는 우리가 말씀이 선포하는 그 자체가 되기를 바라신다.

세계는 분명한 교리를 가진 사람들로 가득하다. 좋은 것이다. 교회는 말씀이 무슨 뜻인지를 '알고' 말씀이 무엇을 요구하는지를 '아는' 이들로 가득하다. 중요한 일이다. 전문가들도 많고, 신학자들도 많으며 하나님의 말씀으로 계시된 것들에 대해 엄청난 이해를 갖고 있는 이들도 많다. 문제는 자신들이 믿는다고 말하는 것을 실제로 경험하고 있는 이들이 세상에 엄청나게 부족한 상태라는 것이다.

세상이 자신이 믿는 것을 체험하는 그리스도인들로 충만해지기 시작하면, 우리는 열방이 일어나 주목하는 것을 볼 수 있을 것이다. 나는 주께 내 마음과 열정을 드려 말씀을 행하는 자가 되기로 헌신했다. 그저 심오하고 능력 있는 교리를 해석할 능력이 아닌, 혹은 영적 세계의 깊은 오의奧義를 신학적으로 탐구하는 것이 아닌, 내 삶의 열정을 드려 하나님의 깊은 것들을 **체험하고자** 말이다. 나는 하나님을 만지고 싶고, 하나님과 교제하며 하나님을 느끼고 싶다. 나는 하나님을 사랑한다. 그 사랑은 나로 하나님을 체험하지 않고는 못 견디게 한다.

사도 요한은 선포했다. "그것은 태초로부터 계신 것이요, 우리가 들은 것이요, 우리가 우리의 눈으로 본 것이요, 우리가 자세히 살펴본 것이요, 우리가 손으로 만져 본 것입니다…… 우리가 보고 들은 바를 여러분에게도 선포합니다. 그것은 여러분으로 하여금 우리와 서로 사귐을 가지게 하려는 것입니다. 우리의 사귐은 아버지와 또 아버지의 아들 예수 그리스도와의 사귐입니다"(요일 1:1, 3).

내가 가르치고 설교하는 진리는 내가 현재 체험하며, 머지 않은 날 체험할 것을 기대하는 하나님의 말씀들이다. 내 삶에 살아 있는 하나님의 말씀이 체험되어져, 세상이 나를 볼 때 내가 말로써 내 말이 진리임을 설득할 필요가 없게 되기를 바란다. 나는 내 삶이 내가 믿는 진리를 증거할 수 있게 되기를 갈망한다. 이런 식으로 사는 사람들이 세상을 바꿀 것이다.

성경은 기록한다. "말씀이 육신이 되어 우리 가운데 사셨다"(요 1:14). 그 말씀은 영원 이전에 선포되었다. 하나님께서는 여전히 말씀이 육신이 되어 우리 가운데 거하기를 바라신다. 이것이 세상이 하나님께서 주이심을 알게 될 방법이다. 틀림없는 것은, 때때로 빛이 임하면 우리가 감당할 수 없을 정도로 밝을 때가 있다. 아플 정도로 말이다. 때로 불이 켜졌을 때 우리는 보고 싶지 않은 것을 본다. 빛이 드러내는 것들은 우리를 화나게 한다. 심지어 하나님께도 화를 낸다. 우리가 말씀 앞에 화를 내는 것은, 우리가 보기 싫은 것들을 드러내기 때문이다. 겁이 나서 우리는 하나님께서 하시는 말씀을 거부하고 피해 버린다.

대부분은 하나님께서 계속적으로 빛을 비추시려는 부분을 찾으려 너무 깊이 들여다볼 필요가 없다. 하지만 이런 저런 이유로 우리는 핑계를 대거나, 피할 수 없는 일 (하나님께서 우리 삶을 취하시는 것)을 미뤄버린다. 우리의 성장은 장애물에 걸리고, 하나님과의 동행은 막혀버린다. 왜냐하면 하나님의 말씀이 우리가 반응하기 싫은 것들에 빛을 비추기 때문이다.

최전방을 향해

이 시간 하나님의 계획의 최전방에 선다는 것은 성령과 우리 삶에 행하시는 역사의 최전방에 선다는 것이다. 우리가 삶의 어떤 부분에 하나님의 말씀의 빛이 비치는 것을 보면, 그리고 진정 전방을 향하고 싶다면, 우리는 잘못하는 일에 대해 핑계를 대거나, 정당화하거나 합리화하지 말아야 한다. 우리는 다른 이에게 책임을 전가해서는 안 된다. 우리의 부르심은 주께 그저 '예'라고 하며 가슴 깊은 회개를 하고 주께 용서를 구하며, 연약함과 죄악을 이길 수 있는 하나님의 기름 부으심을 간구하는 사람들이 되는 것이다. 그러면 우리는 계속해서 주님과 충만하고, 순전하며 약해지지 않는 교제를 누릴 수 있다. 성숙의 과정은 우리 마음에 빛을 비추게 하는 것이며 그 빛으로부터 도망치는 것이 아닌, 거기에 굴복하고 회개하는 것이다.

죄악을 사랑하는 자들은 어둠 가운데 거한다. 요한은 첫 번째 서신에서 이 문제를 아주 극명하게 다뤘다. 반대로 빛을 사랑하는 사람들은, 마음에 빛이 비칠 때 빛을 품어서, 빛이 드러낸 것들을 회개하며 순결함 가운데 거해 나갈 수 있도록 한다. 우리가 성령께 온전히 나아가, 육적인 삶의 최전방에 서도록 해주셨을 때 우리는 하나님의 목적의 최전방에 서게 된 것이다. 성숙의 과정에 있는 사람들은 마음에 말씀을 비춰 주셨을 때, 그 성령의 빛을 거부하지 않는다. 자신들을 고치고 꾸짖고, 변화시키며 생각과 행동이 예수 그리스도의 형상을 닮도록 조정하더라도 말이다.

우리가 성숙해져 갈 때, 하나님께서 삶의 어떠한 부분에 빛을 비추실 수 있음을 안다. 그러면 우리의 반응은 그 문제를 해결하고자 하는 것이어야 하며 무슨 일을 해서라도 주님을 따르고자 하는 것이어야 한다. 우리는 하나님의 빛이 주께서 원하시는 만큼이나 밝게 비치도록 해야 하고, 주님과 성경에 대한 어떤 원망도 없이 성장함으로 반응해야 한다. 듣고 싶지 않은 이야기를 한다고 해서 더 이상 성경을 읽지 않겠다고 결심하는 일은 없어야 한다. 성장할수록 성장의 과정은 어려워지며, 불평은 줄어들게 마련이다. 더욱 성숙할수록, 성령을 괴롭게 해 드리는 일도 줄어들 것이다.

바울은 "나는 하나님의 은혜를 헛되게 하지 않습니다"(갈 2:21)고 말했다. 우리는 우리에게 빛이 비치며 우리 안에 있는 말씀에 따라 행하지 않음으로써 하나님의 은혜를 헛되게 할 수 있다. 하나님께서는 우리가 빛에 반응하는 백성이 되기를 원하신다.

"주의 말씀을 열면, 거기에서 빛이 비치어"(시 119:130). 그리고 그 빛이 발광할 때, 성장한 그리스도인들 (혹은 성장하고 있는 그리스도인들)은 빛에 반응할 수 있는 이들이다. 우리는 단지 빛이 임하기 때문에 무엇을 해야 할지 안다. 성숙한 이들은 하나님의 분명한 임재를 향해 나아간다.

이 과정이 중요한 것은, 우리가 삶의 여정 가운데 있기 때문이다. 우리의 여정은 하나님의 목적에 기초하고 있다. 우리는 하나님의 이 세대를 향한 계획을 발견하고 성취하는 여행을 하고 있는 것이다. 하나님께서 교회를 회복하시는 과정 중에, 우리를 위해 예비해 두신 계획을 체험하길 바라시는 여정에 있다는 말이다. 하나님의 말씀이 우리 위에 비칠 때, 우리는 진리 안에 거하며 빛 가운데 행해야만 한다.

하나님께서 우리에게 요구하시는 것들은 모두 선을 위한 변화의 과정이다. 하나님의 말씀이 선포되는 것은 우리가 변화되고 성숙하도록 하는 것이다. 하나님의 말씀은 우리의 성장과 성숙을 위해 선포된다. 하나님의 목적을 우리가 행할 수 있도록 말이다. 하나님께서는 항상 거하실 곳을 찾아오셨다. 항상 집을 원하셨다는 말이다. 또 하나님 자신의 소유가 될 백성을 찾아오셨다. 우리가 하나님의 자녀로 성숙해질 때에만 그분의 거처가 될 수 있다.

하나님의 말씀으로 짜릿한 계시를 받는다는 것은 그 계시를 우리 삶에 적용해 역사하도록 하는 것과 별개의 문제다. 이미 말한 바와 같이, 기독교계에서 가장 탄식할 만한 오류 중 하나는 하나님의 말씀을 지식으로만 축적하고 개인의 삶을 위해서는 축적한 것이 없다는 것이다.

나의 목표는 말씀이 되는 것이다. 내가 말씀 가운데, 진리 가운데 행할 수 있도록 말이다. 나는 그저 말씀을 아는 데에는 관심이 없다. 하나님께서 원하시는 그대로가 되길 원한다. 의롭다 여기심을 받는 이들은 듣는 자가 아니라, 행하는 자들이다. 하나님의 말씀이 되어 이 세상에 그것을 구현하는 이들은 하나님께서 자신의 거처를 세우고자 하시는 존재들이다. 솔로몬의 성전으로 형상화된 것처럼 말이다.

하나님께서 시온을 택하셨다

"주께서 시온을 택하시고, 그 곳을 당신이 계실 곳으로 삼으시기를 원하셔서"(시 132:13). 주께서는 더 나아가 선포하신다. "이 곳은 영원히 내가 쉴 곳, 이 곳을 내가 원하니, 나는 여기에서 살겠다"(시 132:14). 시온은 교회의 한 형태이며, 그래서 하나님께서 "주께서 시온을 택하시고, 그 곳을 당신이 계실 곳으로 삼으시기를" 원하셨다는 말씀을 하신 것은 **우리를** 하나님 자신의 거처로, 안식처와 사실 곳으로 취하셨다는 말이다.

주께서 우리 집에 찾아와 이렇게 말씀하실 수도 있다. "주께서 이 집을 택하시고, 그 곳에 거하기로 하셨다." 그 곳에 들어와 사시겠다는 의미다. 실제로 그렇게 하실 수도 있지만, 우리는 하나님께서 자신의 목적을 위해 벽돌과 회반죽으로 된 곳을 택하시지 않음을 안다. 하나님께서는 우리를 택하신다.

또 이렇게 말씀하신다.

시온은 "……영원히 내가 쉴 곳, 이 성읍에 먹을거리를 가득하게 채워 주고, 이 성읍의 가난한 사람들에게 먹을거리를 넉넉하게 주겠다. 제사장들로 의로운 일을 하게 하고, 성도들로 기쁨의 함성을 높이게 하겠다"(시 132:14-16).

하나님께서는 교회를 영원한 거처로 취하실 것이다. 히브리서 9장 종반에 보면, 매우 흥미로운 구절이 있다. 예수께서 한 번은 죄를 지기 위해 나타나셨고, 두 번째 나타나실 때에는 죄를 지는 이가 아닌 구원을 지는 이가 되시리라는 것이다. 예수께서 우리의 죄를 지시는 한, 그리고 우리가 매일 죄를 지을 때마다 하나님의 계획에서 멀어진다는 거짓 신학을 주장하는 한, 우리는 예수를 체험할 수 없다. 우리 삶 속에 그분의 구원이 계시될 수 없다는 말이다.

이것은 거룩한 삶을 살지 못한 것에 대한 핑계밖에 안 된다. 분명히 우리에게는 하나님의 은혜가 필요하며, 우리는 그 은혜가 없이 성공할 수 없고, 우리가 역겨운 죄를 짓지 않고 하루를 견뎌나갈 수 있는 길은 하나님의 뜻이 우리 안에 이뤄지도록 하는 것뿐이다. 하나님께서는 우리를 통해 자신의 삶을 사신다. 하지만 우리가 의지적이고 지속적으로 죄를 짓고 주 예수께 회개하는 한, 예수께서는 우리에게 죄를 지시는 분일 뿐이며 결코 온전한 구원을 지시는 분일 수 없다.

성경은 예수께서 우리의 죄 짐을 지시는 분 이상임을 약속해 주고 있다. 예수께서는 우리 모두에게 구원이 무언지를 알려 주고 싶어하신다. 이사야 35장 5절은 "그러나 그가 찔린 것은 우리의 허물 때문이고, 그가 상처를 받은 것은 우리의 악함 때문이다. 그가 징계를 받음으로써 우리가 평화를 누리고, 그가 매를 맞음으로써 우리의 병이 나았다"라고 기록돼 있다. 이 한 구절을 보면, 인류 구속의 전체를 알 수 있다. 몸과 혼과 영의 구속이다. 예수께서는 자신의 온전한 구원을 우리에게 드러내길 원하시지 단지 죄로부터의 구원을 주시려는 것이 아니다. 우리 모두가 교회라면, 예수께서는 영원한 거처를 우리 가운데 두려 하신다는 것이다. 이로써 그분의 가장 충만한 증거가 우리를 통해 드러날 것이다. 예수께는 강대상도, 기타도, 위성 접시도 필요 없다. 그분의 영광이 몸과 피에 거할 것이요, 주 예수의 이름을 부르는 이들 가운데 있어 각자를 통해 그분의 완벽한 증거가 나타날 것이다.

예수께서는 한 번도 그저 방문을 목적으로 나타나려 하지 않으신다. 늘 와서 머물며, 영원히 거하고 싶어하신다. 그래서 당신의 임재를 강하고 계속적으로 체험할 수 있는 부흥이 더욱 더 자라가도록 말이다. 내 삶과 교제, 사역, 지역의 영원한 거처를 취하신다는 것은, 주 되신 그분께서 나와 내가 돌보도록 허락하신 모든 것들을 통치하고 다스리신다는 뜻이다. 그것은 또한 내 계획의 극단적 전환이며 내가 사업을 운영하는 데에도 극단적인 전환이 생긴다는 의미다. 왜냐하면 예수께서는 머무르려 오셨기 때문이다. 그렇게 오시면, 모든 게 영구적으로 바뀐다.

그 날이 오면, 주의 성전이 서 있는 주의 산이 산들 가운데서 가장 높이 솟아서, 모든 언덕을 아래로 내려다 보며, 우뚝 설 것이다. 민족들이 구름처럼 그리로 몰려올 것이다. 민족마다 오면서 이르기를 "자, 가자. 우리 모두 주의 산으로 올라가자. 야곱의 하나님이 계신 성전으로 어서 올라가자. 주께서 우리에게 주의 길을 가르치실 것이니, 주께서 가르치시는 길을 따르자" 할 것이다. 율법이 시온에서 나오며, 주의 말씀이 예루살렘에서 나온다 (미 4:1-2).

선지자들은 시온이 하나님의 영광이 온 땅에 전파되는 중심이라고 봤다. 미가 선지자는 많은 나라가 그 빛으로 나아올 것이며, 많은 이들이 "자, 가자. 우리 모두 주의 산으로 올라가자. 야곱의 하나님이 계신 성전으로 어서 올라가자. 주께서 우리에게 주의 길을 가르치실 것이니, 주께서 가르치시는 길을 따르자 할 것이다. 율법이 시온 (교회)에서 나오며, 주의 말씀이 예루살렘에서 나온다"고 할 것이라 지적한다.

우리는 하나님의 임재와 능력, 기름 부으심, 그리고 영광이 교회, 곧 시온으로부터 나아올 것임을 아주 진지하고도 흥분되는 방법으로 깨닫게 된다. "율법이 시온에서 나올 것이다" (미 4:2). 율법, 곧 그리스도의 법은 자유의 법이다. 이것은 규례와 통제의 법이 아닌 자유의 법이다. 시온에서부터 좋은 소식, 즉 우리가 죄로부터 **자유롭고**, 자기를 묶는 속박으로부터 **자유롭고** 두려움으로부터 **자유로우며** 혼란 및 어렸을 때 일어났던 일들로부터 **자유롭다고** 선포하는 자유의 법이다. 진정 자유하다는 것이다! 이러한 일이 우리 가운데 하나님의 임재를 나타내고 지금 계시는 이미 일어나고 있다.

"그 때가 오면, 사람들이 더 이상 '아버지가 신포도를 먹었기 때문에, 자식들의 이가 시게 되었다'는 말을 하지 않을 것이다. 오직 각자가 자기의 죄악 때문에 죽을 것이다. 신포도를 먹는 그 사람의 이만 실 것이다"(렘 31:29-30). 더 이상 우리 조상들의 죄악과 반역이 우리를 다스리지 못할 것이다. 우리의 온전함을 갈보리에서 예수 그리스도의 보혈로 사셨기 때문이다. 우리는 더 이상 어린 시절이나, 그리스도를 알기 전의 삶으로 인해 깨어질 수 없다. 그 사슬들은 단번에 영원히 부서진 것이다. 자유의 법은 그리스도 안에서 **우리가 자유하다**고 선포한다. 이것이 시온 산, 교회에서 선포될 기쁜 소식이다. 복음이 시온으로부터 나올 유일한 이유는 누군가가 거기 거하시기 때문이다. 그 누군가가 하나님이시며, 시온을 거처로 택하신 분이시다. 하나님께서 시온에 거하시면, 하나님의 말씀이 선포된다.

시온 – 하나님의 충만함의 자리

시온(교회)으로부터 하나님께서 성취되길 바라시는 모든 게 나아올 것이다. 이 일은 시온에 거하는 이들을 통해, 그들에게 일어날 것이다. 왜냐하면 그 곳에 하나님께서 계시기 때문이다. 시온은 진정 충만함의 장소이다. 하나님의 충만함에 대해 이야기할 때, 우리는 우리 안에 있는 하나님의 완성, 곧 온전함에 대해 묘사한다. 하나님의 충만함은 **시온**, 즉 **교회**를 통해 나아갈 것이다. 예수께서는 "성소 곧 참 장막에서 섬기시는 분이십니다. 이 장막은 주께서 세우신 것이요, 사람이 세운 것이 아닙니다"(히 8:2).

히브리서 9장 11절에는, 또 다른 중요한 진리가 나타난다. "그러나 그리스도께서는 이미 이루어진 좋은 일을 주관하시는 대제사장으로 오셔서, 손으로 만들지 않은, 다시 말하면 이 피조물에 속하지 않은, 더 크고 더 완전한 장막을 거쳐서……"
예수께서는 성소로부터, 하나님의 보좌로부터 직접 사역하시는 분이시다. 그리고 하나님께서 우리 가운데 거하시면, 그곳이 하나님의 보좌가 있는 곳이다. 예수께서는 하나님의 보좌, 곧 우리 내면으로부터 당신의 모든 충만함과 능력으로 사역하기를 원하신다. 또한 우리를 통해 당신께서 원하시는 모든 표현의 자유가 나타나길 바라신다.

하나님께서는 자신의 성막이 사람 가운데 있기를 원하신다. 성경은 기록한다. "하나님의 성막이 사람들 가운데 있다"(계 21:3). '임마누엘'이라는 단어는 '하나님께서 우리와 함께 하신다'는 뜻이다. 하나님의 뜻은 결코 멀리서 우리와 소통하시는 것이 아닌, 우리 마음 가운데 영원한 친밀함으로 거하시는 것이다. "주께서 시온을 택하셨다. 시온이 당신의 거처가 되기를 바라셨다." 주께서는 **영원히** 그곳에 거하기를 갈망하신다. 하나님께서 우리 안에 영원히 내주하기를 원하신다니 얼마나 흥분되는 일인가! 주님이 영원히 거하실 곳은 교회다. 하나님께서 임하시면, 그분의 모든 존재와 그분의 모든 소유가 따라온다. 거기에 요구되는 것은, 하나님과 조화를 이루지 못하는 모든 것이 바뀌어야 한다는 것이다.

복음서를 탐구해 보면, 예수께서 어떤 상황을 맞으실 때마다 무언가가 일어났다는 것을 분명히 가르쳐 준다. 어떤 사람들은 기쁨을 찾았고, 어떤 이들은 화를 냈다. 어떤 이들은 치유를 받았고, 귀신들이 나가기도 했다. 지식과 계시의 말씀이 주어졌고 환상이 나타났다. 예수께서는 어디를 가시든지 하나님의 영광과 충만함을 드러내셨다. 그분께서 계셨던 곳, 걸으신 곳에는 모든 사물과 사람이 거룩한 질서 아래로 들어가거나 도망쳤다. 하나님의 임재가 교회 안에 드러날 때, 만물은 거룩한 질서 아래 서게 된다. 하나님의 임재는 먼저 개인으로서의 우리를 거룩한 질서 하에 두고, 그 다음에 우리 주변에 있는 것들도 우리 주변에 나타난 하나님의 임재로 인해 그 질서를 따르게 된다.

어떤 사람이 저녁 식사 겸 교제를 위해 집으로 초대했을 때, 나는 내 지식이나 성격, 육체 등의 절반을 두고 가지 않는다. 내가 그 집을 방문할 때엔, 내 존재 전부가 함께 따라간다. 내 생각, 육체, 감성, 영혼까지 말이다! 나의 수염과 목소리, 유머 감각, 발 모두를 볼 수 있게 될 것이다! 나를 온전하고 충만하게 만난다는 말이다. 내 모습 전체, 그러니까 188cm의 키 그대로를 보게 된다. 그와 같이, 하나님께서 자신의 교회에 거하시게 되면, 그분께서는 온전한 모습으로 오신다. 성경은 기록한다. "하나님께서는 그리스도 안에 모든 충만함을 머물게 하시기를 기뻐하시고"(골 1:19). 하나님의 기쁨은 주 예수 안에 충만한 모습으로 거하시는 것이다. 바울은 말한다. "하나님의 모든 충만함으로 여러분이 충만해지기를 바랍니다"(엡 3:19). 우리가 하나님의 충만함으로 가득해지는 것이 그분의 기쁨이다. 우리가 하나님의 모든 충만함으로 충만해지려면, 하나님의 존재를 모두 이해해야 한다. 하나님께서 원하시는 그대로 말이다.

하나님께는 충만함의 자리, 성취의 자리가 있다. 하나님께서는 자신의 모든 존재를 교회 안에 나타내실 것이다.

"예언자들이 이 구원을 추구하고 연구했으며, 그들은 여러분이 받을 은혜를 예언했습니다. 그들은 누구에게, 그리고 어느 때에 이런 일이 일어날 것인지를 연구했습니다. 그들 속에 계신 그리스도의 영이 그들에게 그리스도의 고난과 그 뒤에 올 영광을 미리 알려 주었습니다. 예언자들은, 그들이 하고 있는 일들이 자기들을 위한 것이 아니라, 여러분을 위한 것임을 깨닫게 되었습니다. 이 일들은 이제 하늘로부터 보내심을 받은 성령을 힘입어, 여러분에게 복음을 전한 사람들이 여러분에게 선포하였습니다. 이 일들은 천사들도 보고 싶어합니다" (벧전 1:10-12).

옛 선지자들은 자신들이 보고 말하는 것이 얼마나 중대한

지를 이해하고 있었다. 그들은 자아를 넘어, 영원을 볼 수 있는 사람들이었다. 선지자 요엘은 메뚜기나 철 따라 내리는 비에 관심을 쏟은 것이 아니다. 그는 자신의 시공간을 뛰어넘어 무언가를 보았다. 그것이 우리에 대한 것이었다. 이사야는 도기에 그다지 흥미가 없었다. 하나님께서는 그에게 영원한 가치를 말씀하신 것이다. 예수의 궁극적 관심은 백합이나 새들, 솔로몬의 영광이 아니었다. 그분께서는 시간과 공간을 초월하는 영원의 원리로써, 하나님에 대한 인간의 개념을 영원히 바꿔놓을 무언가에 대해 말씀하신 것이다.

주께서는 다시 한번 자신의 길을 따를 백성을 찾고 계신다. 그분의 영은 온 땅을 품고, 시공간을 깨고 나와 영원히 예수와 존귀한 관계를 가질 이들을 찾고 계신다. 우리가 여기 있는 것은 우연이 아니다. 어쩌다가 구원에 이른 것이 아니라, 많은 이들─우리 대부분이 거기에 속하지 않기를─은 결코 이르지 못할 영원한 사명이 우리에게 있는 것이다. 우리는 순간적인 필요, 즉 이 생과 우리 교회를 편안하고 안전하게 만드는 잡일들에 너무나 정신이 팔려, 우리 인생의 사명을 바라볼 돌파구를 찾지 못하고 있다. 우리가 태어난 목적을 이루고, 우리 세대를 향한 하나님의 마음을 시원케 해드리는 사명 말이다. 광야의 삶이 너무나 편안해져, 이 삶 가운데 우리가 취해야 할 약속의 땅이 있음을 잊어버렸다.

많은 이들은 성령을 새로 부어 주실 것에 흥분해 있다. 얼마나 영광스럽겠는가! 예수께서 오셔서 거하실 것이다! 그분께서는 빛과 사랑, 능력, 계시로 임하실 것이다. 하지만 동시에 우리의 무기력과 자기 만족을 흔들어 놓으실 것이다. 기억하라. 대부흥이 임할 때는 보통 대재앙이 따른다.

많은 이들은 1960년대 말과 1970년대 초에 하나님께서 영광스럽게 임재를 드러내신 것을 기억할 것이다. 그 기간을 교회사적으로 은사주의의 쇄신Charismatic Renewal이라고 부른다. 수백만 명의 사람들이 이 놀라운 기간에 하나님 나라에 밀려 들어와 줄 잇는 기적을 보게 되었다.

또한 그 기간에 미국에서 무슨 일이 일어나고 있었는지를 기억해야 한다. 미국은 끔찍한 인종 폭동으로 갈기갈기 찢어지고 있었다. 베트남 전쟁으로 나라가 나뉘었고, 오일 쇼크로 힘을 잃었다. 미국의 젊은이들은 새롭고 더 치명적인 마약을 복용, 또는 주사하기 시작했다. 환란 때가 실제로 임했지만, 그 시간은 우리를 예수께로 직행시켰다.

고난의 시간은 우리로 하여금 하나님을 찾게 한다. 우리가 회개하고 하나님의 뜻을 행할 수밖에 없도록 만든다. 우리는 하나님의 임재가 강력히 드러나고, 커다란 무리가 예수께 향하는 것을 기대하지만 그 모든 것이 큰 재앙과 함께 임할 것도 기억해야 한다. 하나님께서는 자신의 백성들 가운데 거하실 것이다.

주께서는 우리를 온갖 녹슬고 부서진 약속들로 가득한 이 땅의 속박에서 놓아 주실 것이다. 예수께서 제자들에게 기도를 가르치셨을 때, 이것이 견본이었다. "주님의 나라가 임하게 하소서." 하나님 아버지께 컨벤션 센터나 거대한 사역, 성경 학교를 위해 기도하라고 하지 않으셨다. 신문이나 출판업 이야기도 하지 않으셨다. 하나님의 관점은 영원의 것이다. 우리도 영원을 바라봐야 한다.

시간과 공간을 뚫고

내가 매일 고민하는 사소한 것들을 생각해 보면, 주님 앞에 회개가 나온다. 우리는 많은 이들이 아는 것보다 훨씬 큰 책임감과 중대성을 지니고 있다. 우리는 경력을 쌓고, 집을 짓고, 재테크를 하고, 아이들을 기독교 학교에 보내며 교회를 안정시켰다. 우리의 자그마한 '영역'과 '형세'는 굳어졌고, 기독교 국가 미국에서 중산층으로 사는 것은 무사태평한 일이 되었다. 정말 그런가? 우리는 정말 우리의 사명을 다하고 있는가? 우리의 모든 활동이 하나님께서 마음에 품고 계신 것과 일치하는가?

이 모든 일들은 필수적이다. 교회의 일과 임무에 근본적인 것이다. 하지만 목표는 아니다. 교회가 전진해 나가고 사역을 확장할 기초이다. 안정적인 가정, 좋은 경력, 풍성한 재정과 사랑 많은 교회는 예수의 삶을 아름답게 표현해 준다. 그러나 우리는 이것을 발판 삼아 시공간을 뛰어넘을 수 있어야 한다.

하나님께서는 우리가 불평 섞인 소망들과 이기적 기도라는 미약한 틀을 넘어서길 원하신다. 우리가 성령의 능력으로 시공간을 뛰어넘길 원하신다. 하나님께서는 우리가 가진 유한한 이성의 한계를 초월해, 우리가 태어난 목적을 성취하기를 바라신다. 우리는 사명을 갖고 태어났음을 기억해야만 한다.

오렌지 주스 광고 중에 이런 것이 있다. 그저 단순하게, "오렌지 주스, 이젠 아침 식사 때만 마시지 마세요!"라는 것이었다. 오렌지 주스가 아침 식사용으로만 낙인 찍히는 것에 태클을 거는 일은 쉬운 일은 아닌 듯하다! 인류가 처음으로 오렌지를 짠 이래로, 오렌지 주스는 아침 식사 테이블에 고정되어 있었다. 그런 생각을 깬다는 것은 기념비적이라 할 만큼 어려운 일일 테지만, 산업의 발전을 위해서 그 편견은 깨어져야만 한다.

하나님께서는 우리의 사고 또한 변화되길 원하신다. 성령께서는 어느 주일 아침에 내게 분명하게 말씀하셨다. **"나는 더 이상 일요일만을 위해 존재하는 것이 아니다."** 나는 주께서

'더 이상'이라고 강조하심으로써 일요일만을 위해 존재하셨던 때가 있는 듯 이야기하심을 알았다. 성령께서 말씀을 이으셨다.

"나는 더 이상 그리스도인들만을 위한 존재도 아니다. 나는 부흥만을 위한 존재도 아니다. 나는 몇 가지 기적으로 너희의 교리를 확증하거나, 강림을 통해 너희 '부류'를 세워 주려고 존재하는 것도 아니다."

동시에 다수가 즐겨 부르는 찬송가 구절이 귓가에 맴돌기 시작했다. "위대하신 주님, 그 능력 이스라엘 국경을 뛰어넘네." 하나님께서는 위대하시며, 교회 밖에도 성령은 살아계시다.

예수께서는 말씀하셨다. "눈을 들어서 밭을 보아라. 이미 곡식이 익어서, 거둘 때가 되었다"(요 4:35). 물론이다! 성령께서 죄인들과 신성 모독자들 가운데 역사하사 구원을 준비시키지 않으시면, 영혼의 구원은 있을 수 없다. 성령께서 우리와 함께 동행하시며, 이미 그분께서 다니시며 말씀을 심으사 준비해 놓으셨음을 안다.

우리의 불신을 주께 내려 놓고, 그분께서 항상, 어디서나 뜻대로 행하시도록 해드려야 한다. 수백 명의 성도들이 지지하고 격려할 때 교회 안에서 기적이 일어나는 것은 큰 일이 아니다. 그러나 하나님께서는 우리에게 담대히 믿고, 기도하며,

죄인의 무리 가운데 담대히 성령으로 행하라고 말씀하신다. 예수의 가장 초자연적인 역사는 당시 창녀들 및 이교도들 가운데서 일어났다. 실상 그분께서는 당시 기적과 생명 주심에 대한 가장 극심한 반대를 기성 교회들 내에서 겪으셨다. 하나님의 갈망은 자신의 위대하심을 불쌍하게 죽어 가는 세상에 나타내시는 것이다. 우리가 자아를 끊고 나아가, 성령께서 이미 대추수를 예비해 놓으신 곳에 하나님의 임재를 지고 나아가길 원하신다.

우리는 기대할 만한 때를 맞고 있으며 사람들은 이렇게 말하고 있다. "난 이 때 하나님께 쓰임받기를 기대해." "나는 성령께 예민하기 때문에, 언제든 어떤 상황에서든 내게 원하시는 일을 하고 싶어." 나는 이 성경 구절을 매우 좋아한다. "바람은 불고 싶은 대로 분다. 너는 그 소리는 듣지만, 어디에서 와서 어디로 가는지는 모른다. 성령으로 태어난 사람은 다 이와 같다"(요 3:8). 성령으로 태어난다는 것과 성령으로 인도함 받는다는 것은 시공간을 떨쳐 버리고 성령의 원하시는 방향대로 우리를 불어 주시도록 하는 것이다.

지역 교회가 중요하고 중심이 되는 만큼, 우리가 반드시 기억해야 할 것은 교회를 이루는 개개인에게 사명이 있기 때문에 교회 전체에도 사명이 있다는 것이다. 우리가 하나님께 반응하는 일에 달렸다. 아니면 우리는 역사 속에 지나간 부흥들을 보며, 옛 포도주가 "충분히 좋았다"며 만족해할 수밖에 없다.

"그분이, 어떤 사람은 사도로, 어떤 사람은 예언자로, 어떤 사람은 복음 전도자로, 또 어떤 사람은 목회자와 교사로 삼으셨습니다"(엡 4:11). 이 말씀의 결론은 이렇게 맺어진다. "그리하여 우리 모두가, 하나님의 아들을 믿는 일과 아는 일에 하나가 되고, 온전한 사람이 되어, 그리스도의 충만하심의 경지에까지 이르게 됩니다"(엡 4:13). 5중 사역 (사도, 예언자, 복음 전도자, 목회자, 교사) 은 교회가 하나님의 충만함에 들어갈 수 있도록 무장해 주며, 예수 그리스도의 형상을 닮아 가게 한다. 그것은 결코 중도 하차 지점이 아닌, 모든 성도가 성숙으로 달려가는 도약판이었다.

하나님께서는 자신의 모든 존재, 모든 소유와 능력을 우리를 통해 이 땅에 드러내실 것이다. 하나님께서는 우리를 솔로몬의 성전, 혹은 우리 마음속의 충만한 자리로 이끌기를 원하신다. 하지만 충만한 자리는 피와 고난, 희생으로 물들어 있다.

5
하나님의 표징
솔로몬 성전

깨어짐

하나님께서는 계속적으로 마음이 깨어진 이들을 부르고 계신다. 왜냐하면 이들이 하나님의 임재를 세상에 전할 수 있는 존재들이기 때문이다. 하나님께서는 남은 자를 부르고 계신다. 값을 치르고서라도 주님의 임재를 드러낼 이들 말이다. 이것은 아브라함, 이삭, 그리고 야곱에게 주신 부르심과 같은 것이다.

첫 번째 언약은 아브라함과 맺으셨다.

"이런 일들이 일어난 뒤에, 주께서 환상 가운데 아브람에게 말씀하셨다. '아브람아, 두려워하지 말아라. 나는 너의 방패다. 네가 받을 보상이 매우 크다.' 아브람이 여쭈었다. '주 나의 하나님, 주께서는 저에게 무엇을 주시렵니까? 저에게는 자식이 아직 없습니다. 저의 재산을 상속받을 자식이라고는 다마스쿠스 녀석 엘리에셀뿐입니다. 주께서 저에게 자식을 주지 않으셨으니, 이제, 저의 집에 있는 이 종이 저의 상속자가 될 것입니다.' 아브람이 이렇게 말씀드리니, 주께서 그에게 말씀하셨다. '그 아이는 너의 상속자가 아니다. 너의 몸에서 태어날 아들이 너의 상속자가 될 것이다.' 주께서 아브람을 데리고 바깥으로 나가서 말씀하셨다. '하늘을 쳐다보아라, 네가 셀 수 있거든, 저 별들을 세어 보아라.' 그리고는, 주께서 아브람에게 말씀하셨다. '너의 자손이 저 별처럼 많아질 것이다.' 아브람이 주를 믿으니, 주께서는 아브람의 그런 믿음을 의로 여기셨다"(창 15:1-6).

하나님께서는 아브라함의 자손을 땅의 티끌, 바닷가의 모래, 하늘의 별에 비유하신다. 그리고 말씀하신다. "네 자손들도 그렇게 될 것이다." 아브라함의 자손으로 불릴 수 있다니 얼마나 큰 영광인가. 하지만 우리가 믿음의 행보를 이어나가면, 그저 아브라함의 자손이 된다는 것만으로는 하나님의 약속을 물려 받기에 충분치 않음을 보게 된다. 사라는 하나님의 말씀을 그대로 믿은 것 같지는 않다. 아브라함도 마찬가지다. 그래서 그들은 자력으로 열국을 생산하려 했다.

창세기 16장 15절에서 보면 하갈이 아브라함과 동침해 이스마엘이라는 아들을 낳는다. 이스마엘은 아브라함의 씨였기에 축복을 받았지만, 그의 삶에 거룩한 사명은 없었다. 이스마엘을 통해 열국이 탄생될 것은 아니었다. 하나님의 약속은 이스마엘을 통해 성취되는 것이 아니었다. 창세기 25장에는, 아브라함이 또 다른 아내를 취해 많은 아들들을 가졌다고 기록한다. 그들 또한 복을 받았으나, 그중 한 명도 약속의 자녀는 없었다.

아브라함의 가장 잘 알려진 아들 둘은 이삭과 이스마엘이다. 이 두 아들이 모두 복을 받았지만, 약속의 씨앗은 이삭을 통해서만 전해졌다. 아브라함의 씨라는 것은 충분치 못했다. 유일한 길은 이삭을 통해 탄생하는 것이었다.

"이삭에게서 태어나는 사람이 너의 씨가 될 것이니" (창 21:12).

하나님께서 아직 구별을 마치지 않으셨음을 알 수 있는 까닭은 이삭에게도 아들 둘이 태어났기 때문이다. 로마서 9장 13절을 보면 이 두 아들에 대한 하나님의 관점을 뜻밖으로 묘사하고 있다. "내가 야곱은 사랑하고 에서는 미워하였다." 약속의 씨는 야곱을 통해 전해져야 했다. 여기 보면 구별의 패턴이 분명하게 확립되었다. 하나님께서는 궁극적으로 아브라함의 씨를 모두 사용하시는 것이 아니고, 이삭의 자손들 **모두**에게서 만족을 얻으신 것도 아니다. 하지만 구별은 야곱을 통해 완성될 것인데, 하나님께서 그를 사랑하기로 하신 이유는 단지 하나님 자신의 기쁨을 따라 행하실 수 있기 때문이다.

스가랴 선지자는 아브라함의 자손 중 3분의 2가 끊어질 것이요 오직 3분의 1만 남을 것이라고 기록했다(슥 13:8). 남은 자는 하나님께서 "은을 단련하듯이 단련하고, 금을 시험하듯이 시험"(슥 13:9)하실 이들이다. 갈라디아서 4장을 보면, 동일한 원리가 나타난다. 아브라함의 씨라는 것으로는 충분치 않다. 이삭의 자녀라는 것도 충분치 못하다. 우리는 아브라함의 자녀이면서 이삭과 야곱의 자녀이어야 한다.

"아브라함에게 두 아들이 있었는데, 하나는 여종에게서 태어나고, 하나는 종이 아닌 본처에게서 태어났다고 기록되어 있습니다. 여종에게서 난 아들은 육신을 따라 태어나고, 본처에게서 난 아들은 약속을 따라 태어났습니다. 이것은 비유로 표현한 것입니다. 그 두 여자는 두 가지 언약을 가리킵니다. 하나는 시내 산에서 나와서 종이 될 사람을 낳은 하갈입니다. 하갈은 아라비아에 있는 시내 산을 뜻하는데, 지금의 예루살렘에 해당합니다. 지금의 예루살렘은 그 주민과 함께 종노릇을 하고 있습니다. 그러나 하늘에 있는 예루살렘은 종이 아닌 여자이며, 우리의 어머니입니다. 성경에 기록하기를 '아이를 낳지 못하는 여자여, 즐거워하여라. 해산의 고통을 모르는 여자여, 소리를 높여서 외쳐라. 홀로 사는 여자의 자녀가 남편을 둔 여자의 자녀보다 더 많을 것이다' 하였습니다"(갈 4:22-27).

이스마엘의 탄생은 우리에게 흥미진진한 상황을 보여 준다. 이스마엘은 육으로 난 반면, 이삭은 약속을 따라 났다. 성경은 "하갈과 아브람 사이에서 아들이 태어나니, 아브람은, 하갈이 낳은 그 아들의 이름을 이스마엘이라고 지었다. 하갈과 아브람 사이에 이스마엘이 태어날 때에, 아브람의 나이는 여든여섯이었다"(창 16:15-16)고 말씀한다. 13년이라는 시간이 창세기 16장과 17장 사이에 흘렀다. 17장에서 우리는 다음의 구절을 읽게 된다. "아브람의 나이 아흔아홉이 되었을 때에, 주께서 그에게 나타나셔서 말씀하셨다"(창 17:1). 이스마엘은 아브람의 집에서 13년을 살았다. 사춘기 초반에 접어들어 청소년기를 보내고 있었을 텐데, 아버지는 99세나 됐던 것이다!

여러분은 86세에 가정을 이루는 것을 상상이나 할 수 있겠는가? 이삭은 아직 태어나지도 않은 상태다. 성경은 아브라함이 100세가 되어 이삭을 낳았다고 기록한다! 이스마엘은 이삭이 태어났을 때 14세였을 것이다. 육을 따라 났지만, 이삭이 태어나기 전까지 이스마엘은 아버지의 집에서 살 수 있었다. 이스마엘은 그곳에 살며 의지를 얻었고, 거기서 양육을 받고 성장했다. 아브라함은 그의 아버지였다. 그는 아브라함의 집에서 14년을 살았던 것이다.

하지만 이삭이 태어난 뒤에 어떻게 되는가? 이삭은 자유로운 여인의 아들이요 약속의 자녀였다. 성경은 우리에게 이삭에 대해 많은 것을 증거한다. "아기가 자라서, 젖을 떼게 되었다. 이삭이 젖을 떼는 날에, 아브라함이 큰 잔치를 벌였다. 그런데 사라가 보니, 이집트 여인 하갈과 아브라함 사이에서 태어난 아들이 이삭을 놀리고 있었다. 사라가 아브라함에게 말했다. '저 여종과 그 아들을 내보내십시오. 저 여종의 아들은 나의 아들 이삭과 유산을 나누어 가질 수 없습니다.' 그러나 아브라함은, 그 아들도 자기 아들이므로, 이 일로 마음이 몹시 괴로웠다. 하나님이 아브라함에게 말씀하셨다. '그 아들과 그 어머니인 여종의 일로 너무 걱정하지 말아라. 이삭에게서 태어나는 사람이 너의 씨가 될 것이니, 사라가 너에게 말한 대로 다 들어 주어라. 그러나 여종에게서 난 아들도 너의 씨니, 그 아들은 그 아들대로, 내가 한 민족이 되게 하겠다'(창 21:8-13). 주께서는 이스마엘로 민족을 이루게는 하셨지만, 아브라함의 자손은 이삭을 통해 이어질 것이었다.

우리는 하나님께서 아브라함을 명하사 이삭을 산으로 데려가 제물로 바치라고 하셨던 이야기에 대해 자주 이야기하고 묵상하지만, 하나님께서 아브라함에게 또 다른 어려운 문제를 요구하셨던 것을 잊게 된다. 하나님께서는 아브라함에게 열네 살 된 아들을 버리라고 명하셨다. "여종과 그 아들을 내쫓아라. 여종의 아들은 절대로, 종이 아닌 본처의 아들과 함께 유업을 받지 못할 것이다"(갈 4:30). 이스마엘에게서 우리의 육체적 삶의 표본을 본다. 하나님께서는 아브라함이 그 육신의 아들을 내쫓았던 것처럼 우리가 그것을 내쫓기를 바라신다.

하나님의 우릴 향한 약속과 목적은 우리가 육체적 활동과 육욕을 따른 일들을 고집스럽게 붙잡을 때 임하지 않는다. 육으로 시작한 모든 것은 죽음을 낳도록 운명 지어져 있다. 하나님의 분명한 임재를 나타내는 이들은 육의 것들을 내버릴 뿐만 아니라, 영을 주께 드릴 것이다.

하나님께서는 아브라함에게 그 아들 이스마엘을 내쫓으라고 하셨고, 또 이삭을 바치라고 명령하셨다! 아브라함은 하나님을 믿었지만, 인간적으로 볼 때 그건 너무나 매몰찬 것이었다. 주께서 **둘 다** 거절하신 것처럼 보였으나, 아브라함은 하나님께 최선의 계획이 있음을 믿었다. 아브라함은 가장 중대한 시험에서조차, 자신의 지성보다 하나님을 믿기로 선택했다.

우리 인간들은 진정 괴상한 종족이다! 우리는 유한한 이성에 유한한 사고력을 가지고, 무한한 지식과 지혜를 가지신 무한하신 주님을 늘 예측하려 하는 것이다.

여러분의 이스마엘을 내쫓기를 두려워 말라! 여러분의 이삭을 바치는 것도 두려워 말라! 우리가 전적으로 주님을 위해 버리면, 주께서 기뻐 받으신다. 우리의 아이 같은 믿음과 헌신은 보좌 앞에서 경배 드리는 것이다. 성경은 주님을 신뢰하는 자는 수치를 당치 않으리라고 말씀한다.

모든 아이들이 아브라함의 씨였으나, 전부가 거룩한 사명을 지닌 것은 아니었다. 이삭의 아들들 역시 거룩한 사명을 띠고 하나님의 목적을 성취하는 것은 아니었다. 하나님께서 말씀하셨고, 하나님의 말씀을 성취할 민족이 존재했다. 아브라함의 씨 전부가 그 약속을 성취하지 않았다. 이삭의 씨도 모두 하나님의 사명을 받지는 못했다. 이삭의 선택받은 씨 야곱도 축복을 받기 위해선 천사와 씨름해야 했다.

그렇기에 지속적이고, 성장적으로 언약궤를 지는 것이나 하나님의 분명한 임재를 체험한다는 것에는 우리의 외적인 삶(이웃에게 어떻게 보이는가)과 내면의 삶 두 가지 매우 중요한 측면이 있다. 우리의 외적인 삶, 곧 다른 이들과 어디서 관계하고, 어떻게 교제하며 어떻게 생각하고, 어떤 태도와 행동을 보이는가는 삶의 중요한 부분이다. 그러나 내면의 삶의 영역이 정말 중요한 부분이다. 하나님께 오직 하나님께서만 보시는 내 모습을 다루시도록 해드리는 것 말이다. 우리에겐 모든 이들이 볼 수 있는 자아가 있고, 하나님께서만 보시는 자아가 있다. 하나님께서는 이 두 번째 자아를 만지고 싶어 하신다.

오늘날 사람들은 하나님의 최신 역사에 대해 이야기하기를 좋아한다. 그리스도인들 사이의 인기 표어는 '최신'이다. 내가 이 시간 하나님 역사의 최첨단에 있다면, 그것은 단지 하나님께서 내 마음의 가장 중요한 부분에 계시기 때문이다. 주께서는 나를 쪼개시며, 완고함을 침투하사 절대 아무에게도 보이지 않았던 내 마음의 두터운 요새 안으로 들어오고 계시는 것이다.

무엇이든 '최첨단'에 서 있는 것이 둔하게 뒤처져 있는 것보다 훨씬 선호할 만하다. 그러니 내가 이 시간 하나님 역사의 최첨단에 있다면, 하나님께 내 마음의 최첨단으로 들어오시도록 해 드렸다는 의미다. 하나님께서는 내 유한한 육체를 거처로 삼으시고, 자신의 임재 드러내시기를 기뻐하신다.

엘머 플레시풀Elmer Fleshful이라는 사람이 있다고 한번 상상해 보자. 그는 주께 나아왔고, 5년을 교회에서 보낸 뒤 사역을 시작하게 됐다. 플레시풀은 주일학교 교장으로 임명을 받았다. 그는 이렇게 기도했다. "하나님, 주님을 섬기겠습니다. 하나님, 주님을 위한 사역이 되게 하소서. 제게 원하시는 것은 무엇이든 하겠습니다." 이 사람은 자신의 사역이 세워졌다는 느낌을 받는다. 하나님께서 원하시는 것을 하고 있다는 느낌 말이다.

하지만 플레시풀에게 무슨 일이 일어났는지를 보기 전에, 이스마엘과 이삭의 이야기로 돌아가보자. 이스마엘은 이삭보다 먼저 태어났다. 아브라함이 이스마엘을 매우 사랑했고 그 역시 아브라함의 아들이었지만, 더 소중한 아들이 나타난 것이다. 갑자기 이삭이 나타나 이렇게 외쳤다. "내 자리를 만들어 주세요!" 이스마엘은 집을 떠나고 싶지 않았다. 그의 어머니 하갈도 어디로 떠나기를 원치 않았다. 하지만 이스마엘과 이삭이 같은 집에 함께 살 수는 없었다.

엘머 플레시풀은 이렇게 말할지 모른다. "하지만 하나님, 저는 주일학교 교장이잖아요. 주님을 섬기고 있다고요!" 하나님의 응답은 이렇다. "그렇지, 하지만 내가 그 주일학교에 임하고 싶단다. 이삭이 드러나야 하는 거지. 네 육체flesh의 이스마엘은 떠나야 해!"

우리 모두 깊은 곳으로부터 하나님의 역사에 자신을 내어

드릴 때, 이런 일이 일어나게 마련이다. 하나님께서는 육체를 가르시고 우리의 영에 임하사, 진짜 역사를 보여 주려 하신다. 곧 무언가가 새로 태어나기 시작할 것이며, 우리는 이렇게 말하고 말 것이다.

"아, 더 이상은 불편해서 못 견디겠네. 뭔가 잘못됐어. 내 사역에 문제가 있다고. 무슨 일이지? 한때 나는 이 교회 최고의 주일학교 교장이었는데!"

이삭이 오고 있다. 이제 이삭을 위한 자리를 마련하라. 이삭이 위치를 찾을 수 있게 하는 유일한 방법은 이스마엘을 내쫓는 것이다. 모든 육체적 활동과 사역은 성령으로 난 것으로 대체해야 한다. 아무리 좋은 것이었어도 말이다.

"여종의 아들은 절대로, 종이 아닌 본처의 아들과 함께 유업을 받지 못할 것이다"(갈 4:30).

우리가 이 시간 하나님 역사의 최첨단에 있으려면, 우리가 온 땅에 하나님의 역사를 증거하는 존재가 되고 싶다면, 우리가 생각하고 바라고 믿고 느꼈던 모든 것을 제단 위에 하나님께 드려야 한다. 이것은 하나님께서 반드시 그 모든 것을 제물로 취하신다는 뜻은 아니다. 하지만 너무나 자주, 사람들은 하나님을 영적 스모가스보드smorgasbord(스칸디나비아식 요리의 전채)로 여긴다. 하나님께로부터 원하는 것은 무엇이든 선택해

취할 수 있다고 생각하는 것이다. 그러나 실제로는, 우리가 하나님의 스모가스보드다. 우리는 모든 것을 제단 위에 내려놓아, 주께서 원하시는 것은 무엇이든 취하실 수 있게 해드려야 한다!

하나님께서 하시는 일의 최첨단에 서는 일에 흥분하는 이들이 많다. 많은 이들이 하나님의 뜻의 중심에 서길 원하며, 하나님을 기쁘시게 하는 일을 하고자 한다. 하지만 수많은 사람들이 하나님 역사의 최첨단에 서려면 하나님께서 우리 마음의 가장 깊은 곳에 임하셔야 한다는 사실을 알지 못한다. 우리는 하나님께 우리를 자르고, 빚으사 하나님의 형상과 같이 만드시도록 해드려야 한다. 그것이 최첨단에 선다는 말의 의미다. 하나님의 최첨단은 내 삶 가운데 일어나고 있다. 그것이 우리를 하나님 역사의 선두에 서게 하는 것이다. 육체는 영을 위해 떠나야 한다. 옛 습관과 상처, 쓴 뿌리 또한 사라져야 주 예수께서 우리 마음을 자신의 거처를 위해 정결케 하실 수 있다.

우리는 하나님과 동행할 것인가? 하나님의 말씀에 반응할 것인가? 우리의 태도는 아브라함과 같아야 한다. 우리는 우리 육체의 이스마엘을 쫓아내야 한다. "주님, 원하시는 것은 무엇이든 취하실 수 있습니다. 저를 통해 무엇이든 원하시는 바를 행하소서. 주님께서만 하나님이십니다!"

우리는 머리를 써서 어떻게든 이삭과 이스마엘 모두를 데리고 있으려 한다. 결코 성공하지 못할 일이다. 여종의 아들과 자유자의 아들 사이에 다툼이 있었다. 육체와 영혼을 혼재시키면 그 결과는 불화이며, 혼란과 혼돈이다. 혼란과 의심 속에 삶을 이어갈 수는 없지 않은가? 옛 것을 끊고 새 것을 잡아야 하지만, 그 과정 중에는 둘 다 더럽혀질 것이다. 학개서 2장을 보면 이런 말씀이 있다.

"너희는 제사장에게 물으라. 네게 정결한 것이 있는데 그것을 부정한 그릇에 부으면, 부정한 그릇이 정결해지겠느냐? 그러자 제사장은 말했다. '아니오! 하지만 부정한 것을 취해 정결한 데에 부으면 둘 다 못 쓰게 될 것입니다'"(저자의 해석).

내가 어떻게 하면 하나님께서 이 시간 하시는 일에 참예할 수 있을까? 어떻게 하면 하나님의 임재의 궤를 내 어깨에 멜 수 있을까? 중요한 것은, 내 삶을 온전히 주께 드려 나를 변화시키시도록 해드려야 한다는 것이다. 우리 인생에는 주님보다 더 소중히 붙드는 것이 하나도 없어야 한다. 우리는 하나님께서 원하시는 것이 경력이나 직장 등 무엇이든 주께 드릴 수 있는 태도를 가져야 한다. 우리 마음의 외침은 이래야 한다. "하나님, 저는 제가 원하는 곳보다 주께서 원하시는 곳에 있기를 원합니다."

다윗은 말했다. "내가 주의 길을 생각하고, 주의 교훈이 지시하는 길을 따라 돌이킵니다. 내가 머뭇거리지 않고, 주의 계명을 지키겠습니다"(시 119:59-60).

우리 모두의 삶엔 이삭과 이스마엘이 있다. 우리가 처음으로 주 앞에 나아갈 때, 우리는 상한 심령으로 나아간다. 그렇기 때문에 부르짖는 것이다. 우리 마음이 깨어졌음을 인정하는 것이다. 우리가 주님을 간절히 필요로 함을 깨닫는다. 우리는 마음을 새롭게 함으로써 변화를 받는 것이다 (롬 12:2).

우리는 주님의 작품이 된다. 그처럼, 주께서도 '점 없고 흠 없는' 교회에 임하신다. 하나님께서 이 시간 하시는 일의 선두에 서기 위해서, 주께 우리 자신을 드려야 한다. 그러면 우리를 변화시키시고 내면으로부터 치유하실 것이다.

2부
§
솔로몬의 성전을 향해

6
하나님의 베푸심
구원의 충만함

제사의 집

솔로몬은 주의 성전과 왕궁을 다 짓고, 주의 성전과 그의 왕궁에 대하여 그가 마음속으로 하고자 한 모든 것을 성공적으로 다 이루었다. 그 때에, 주께서 밤에 솔로몬에게 나타나셔서 말씀하셨다. "내가 이제 네 기도를 듣고, 이 곳을 택하여, 내가 제사를 받는 성전으로 삼았다"(대하 7:11-12).

은사주의 운동에 가장 결핍된 것 중 하나는 희생이었다. 하지만 하나님께로부터 받을 만한 가치가 있는 것은 모두 희생,

곧 엄청난 희생으로 사신 것이다. 사실, 희생의 자리가 충만함의 자리다. 솔로몬의 성전을 준비한 시간은 커다란 희생의 기간이었다.

하나님께서 자신과 자신의 목적에 대해 악하거나, 무관심한 이들을 보호하신다는 것은 성경적이지 못하다. 하나님의 보호하심과 분명한 임재는 항상 하나님을 부르는 이들, 시들지 않는 사랑으로 하나님을 사랑하며 온 마음을 다해 하나님의 마음을 시원케 해드리길 원하는 이들만을 위해 배타적으로 존재한다. 마지막 때에 성공할 수 있는 이들은 결코 하나님께 **얻을** 수 있는 것만으로 만족하지 않는다. 그들은 하나님의 마음을 시원케 **해드릴** 때까지 절대 만족하지 않을 것이다. 선행도 그들을 만족시키지 못할 것이다. 다른 이들에게 선을 베푼다는 것은 충분치 못하다는 말이다. 그들은 매 순간 하나님의 열정이 무엇인지를 알고 그것을 하나님 안에서 이루고자 갈망한다. 그들은 하나님의 마음 깊은 열망을 이뤄 드리고 싶어 한다. 얼마나 놀라운 열정인가! 얼마나 대단한 갈망인가! 인생을 그러한 불로 살아갈 수 있다면! 하나님께서는 기뻐하시며, 그들에게 "너희는 내 것이라!" 말씀하신다.

성경은 말씀한다. "나 만군의 주가 말한다. 내가 지정한 날에, 그들은 나의 특별한 소유가 되며, 사람이 효도하는 자식을 아끼듯이, 내가 그들을 아끼겠다. 그 때에야 너희가 다시 의인과 악인을 분별하고, 하나님을 섬기는 자와 섬기지 않는 자를 비로소 분별할 것이다"(말 3:17-18). 그 충만함은 하나님께로부터 온다. 하나님의 충만함은 그분께 순복하는 이들, 그리고 그분의 길을 애써 가고자 하며 그분께서만 모든 것 되시도록 하기 위해 값을 치를 준비가 된 이들, 모든 일에 주님께서만 드러나시도록 하는 이들을 통해 표현된다. 하나님께서는 우리가 하나님의 충만함을 이론으로가 아닌 실제로 체험하기를 원하신다.

우리는 가진 것으로 만족하게 되기가 너무 쉽다. 우리는 어떤 것을 체험하고, 어떤 고통을 겪으며 하나님을 깊이 체험할 수 있는 길로 가게 된다. 우리는 거기에서 만족하며 이렇게 말한다.

"자, 이만하면 올 데까지 왔지."

너무나 많은 이들이 너무도 이른 때에 이렇게 선포하고 싶어한다. "나는 선한 싸움을 다 싸우고, 달려갈 길을 마치고, 믿음을 지켰습니다"(딤후 4:7). 많은 이들이 주님을 5년, 10년, 20년 동안 섬기고 선한 싸움을 다 싸웠으며 달려갈 길을 마쳐 모든 게 끝났다고 생각한다. 우리는 이제 그저 시작했을 뿐인데 말이다. 우리는 충분히 고난을 겪었다고 결론을 내린다. 충분한 값을 치렀다는 것이다. 수년 동안 청소년 사역을 총괄해 온 이들도 있을 것이고, 수년 동안 가정 모임을 위해 집을 열어 둔 이들도 있을 것이요 이런 저런 사역을 감당하느라 어려운 시간을 보내고 어려운 일을 겪은 이들도 있을 것이다. 그런데 아직 상대적으로 젊은 나이에, "나는 선한 싸움을 다 싸우고, 달려갈 길을 마쳤다"고 선포하며 '게으른 아이Lazy Boy(가구점 이름: 역주)'의 안락 의자에 기대 TV 리모컨을 붙들고 미식 축구나 보며 일요일 오후를 보내려 한다. 우리 삶을 향한 하나님의 깊고 무한한, 광활한 목적을 탐구해 보지도 못한 채 말이다.

바울이 디모데에게 보내는 서신에서 자신의 설교와 훈계를 어떻게 엮고 있는지에 주목해 보면 재미있다. 성경은 기록한다. "나는 이미 부어드리는 제물처럼 바쳐질 때가 되었고, 세상을 떠날 때가 되었습니다. 나는 선한 싸움을 다 싸우고, 달려갈 길을 마치고, 믿음을 지켰습니다"(딤후 4:6-7). 이것은 인생 말년 바울의 선포이다. 인생 초반에 자신이 어려운 체험을 마치고서 쓴 것이 아니다. 바울은 하나님께서 그를 향해 마음에 품으셨던 모든 일을 행하고 이루었다.

이 구절은 마치 열차가 역을 떠나 가려고 하는데 거기에 올라 타려는 사람과 같다. 그 열차에 오르는 사람이 사도 바울이라고 상상해 보자. 열차에 오르기 직전, 이 위대한 사도는 자신의 젊은 동료 디모데를 향해 이렇게 말한다.

"내가 하나님과 그리스도 예수의 임재 안에서 네게 온전히 위임할게. 예수께서는 자신의 왕국과 함께 임하심으로 산 자와 죽은 자를 심판하실 거야. 말씀을 전파해야 해. 때를 얻든지 못 얻든지 준비를 해둬. 큰 인내와 지식으로 책망하고, 꾸짖고, 훈계하거라."

그는 호루라기 소리에 멈칫하게 된다. 기차는 칙칙폭폭 소리를 내며 앞으로 나아가고, 바울은 기차에 뛰어 오르지만 여전히 뒤에 보이는 디모데를 부르고 있다. "사람들이 건강한 교리를 받아들이지 않을 때가 올 거야. 그러나 자신들의 귀를 간질이려 자신들의 갈망에 합한 선생들을 계속 늘려 갈 것이지. 그리고 자신들의 귀를 진리에서 멀어지게 할 거야." 기차가 속력을 내자 디모데는 같이 따라 뛴다. 바울은 차창을 통해 외친다. "그리고 그들은 전설에 눈을 돌릴 거야. 그러나 디모데, 너는 모든 일에 절제하고, 고난을 이겨내며 전도자로서의 일을 행하고, 네 사역을 완수하거라. 나는 이미 부어드리는 제물처럼 바쳐질 때가 되었고, 떠나야 할 때가 가까이 왔구나. 나는 선한 싸움을 다 싸웠고 달려갈 길을 마치도록 내

믿음을 지켰단다."

바울이 싸움을 다 싸우고 달려갈 길을 마쳤다고 말하지만, 그의 설교와 열정, 디모데를 향한 훈계의 말은 은퇴를 앞둔 사람처럼 들리지 않는다. 그의 말을 통해 드러난 열정의 정도와 긴박성은, 사역과 주님 섬기는 일을 마친 사람에게서 나오는 것 같지가 않다.

우리 모두에게는 이 삶에서 겪어야 할 깊은 체험이 아직 남아 있다. 하나님께서 이스라엘 자손들을 이집트에서 인도하셨을 때, 그들은 홍해를 건넜고 가나안은 열하루만 가면 닿을 수 있는 거리였다. 그러나 그들의 완악함, 반역심, 죄악, 불평과 불만이 그들로 광야에서 40년을 헤매게 했다. 이집트를 떠난 이들 가운데 2명을 제외하고는 광야에서 죽어 약속의 땅에는 발도 들이지 못했다.

대부분의 사람들이 하나님의 충만함의 약속에 이르지 못한다는 사실이, 하나님의 그 약속이 우리가 취할 수 있는 실재임을 부정하지 않음을 이해하는 것은 중요하다. 불평과 불만 없이 전진하고자 하는 이들, 믿음의 선한 싸움을 싸우고자 하는 이들 모두에게 그 약속은 유효하다. 이 사람들만이 **바로 여기 이 삶에서** 하나님 임재의 충만함을 체험할 것이다. 이스라엘 자손들이 생각했던 가나안도 더 먼 미래의 일처럼 느껴지기는 마찬가지였다. 하지만 그들은 삶 가운데 인도하시는 성령의 기적적 역사에 굴복하기를 거부함으로써 스스로 그것을 더 멀어지게 만들었다.

우리는 그런 사람이 되어선 안 되겠다. 오히려 충만함으로 사역하는 것, 하나님의 임재와 능력을 체험하는 것이 모두 이 삶에서, 그리고 지금 여기에서 가능함을 깨달아야 한다. 우리가 노년에 들어서야 얻을 수 있는 것이 아니고, 젊은 나이에 취할 수 있는 것이다. 모든 연령의 사람들이, 삶의 어느 때에라도 그곳으로 들어가 흐름을 따라 제 기능을 할 수 있게 되는 것이다.

영적 중산층주의

한때 불이 붙었던 그리스도인들이 많이 빠지게 되는 문화적 기독교의 단면이 있다. 나는 그것을 '영적 중산층주의'라고 부른다. 그것은 다음의 표현으로 정형화된다. "난 갈 데까지 갔어. 고난도 받았고, 갈등도 했고 내 인생의 일부를 주께 드렸어. 이제 30대-혹은 40대 초반-이니 정원에서 고양이 두 마리 정도 키우며, 자녀 셋과 함께 '코스비 쇼The Cosby Show'를 시청하면서 멋진 인생을 살아야지. 나는 경력도 있고, 모두 건강한 상태에다가 주일학교 선생인걸. 교회에는 일주일에 한 번 이상, 어느 때는 두 번씩도 가고 말이야. 내 인생은 균형이 잡힌 것 같아. 난 행복하고 만족스럽다고."

불이 꺼진 것이다. 이것은 크리스천 중산층주의 혹은 종교적 여피주의Yuppieism라고 한다. 무언가에 대해 있는 그대로에 만족하는 것이다. 하지만 하나님의 충만함을 구하는 자들에게는, 감당 못 할 광대함이 남아 있다. 하나님을 향한 불타는 열정을 가진 이들만 경험할 수 있는 그분과의 깊은 교제가 있다. 주께서는 우리가 가지고 있는 것, 지금까지 경험한 것으로 만족하기를 원치 않으신다. 우리가 온 마음과 혼과 생각과 힘을 다해야만 얻어지는, 그렇지만 우리가 이 삶에서 취하길 원하시는 하나님의 영적 임재의 실재, 피난처와 관계가 존재함을 알기 원하신다. 우리는 너무나 쉽게 우리가 하나님의 광대하심과 무한하심을 누릴 수 있다는 사실을 잊어버린다. 하나님의 분명한 임재는 실재하며, 그것은 우리 삶을 향한 하나님의 부르심에 응답하되 계속해 응답하는 이들에게 주어진다.

하나님의 충만함 안에서 행하라

솔로몬은 어린 나이에 너무나 큰 지혜를 얻어 온 땅의 왕들이 찾아올 정도였던 사람이었다. 그러나 이 비범한 지혜는 그의 두뇌로부터 말미암은 것이 아니었다. 하나님께서 지혜를 그에게 부이 주신 것이다. 솔로몬은 하나님의 영원한 지혜를 조금 맛본 것이었다. 우리에게도 하나님의 영원한 지혜뿐 아니라 하나님의 모든 것을 맛볼 수 있는 길이 있다. 그 길은 사람들이 인생의 어떤 상태에 있든지 무관하게 주님의 진짜 역사와 만지심을 체험하는 길이다. 집에서 기저귀를 갈고 있거나, 집 밖에서 일을 하거나 혹은 학교에 있거나 우리는 하나님의 모든 충만함으로 충만해질 것이다. 사람들이 문제를 가지고 나아오면, 우리는 하늘의 것으로 그들의 필요를 채워 줄 수 있을 것이다. 하나님께는 우리의 손가락 외에 다른 손가락이 없으며, **우리의 목소리** 외엔 다른 목소리가 없다. 주께는 우리의 귀 외에 다른 귀가 없다. 그리고 주께서 세상을 만지길 원하시면, 우리 같은 사람을 통해서 그리 하실 것이다. 물론 우리가 하나님께 헌신할 때 말이다. 주께서는 우리의 손으로 세상을 만지실 수 있다. 우리를 통해 병자들을 고치실 수 있다. 사람들은 우리를 통해 하나님의 사랑의 부르심을 듣게 될 것이다. 이것이 충만함의 자리다.

성경은 말씀한다. "온전한 것이 올 때에는, 부분적인 것은 사라집니다. 내가 어릴 때에는, 말하는 것이 어린 아이와 같고, 깨닫는 것이 어린 아이와 같고, 생각하는 것이 어린 아이와 같았습니다. 그러나 내가 어른이 되어서는, 어린 아이의 일을 버렸습니다. 지금은 우리가 거울 속에서 영상을 보듯이 희미하게 보지마는, 그 때에는 우리가 얼굴과 얼굴을 마주 볼 것입니다. 지금은 내가 부분밖에 알지 못하지마는, 그 때에는 하나님께서 나를 아신 것과 같이, 내가 온전히 알게 될 것입니다"(고전 13:10-12).

하나님께서는 우리가 모든 부분적인 것을 버려 온전한 것을 품게 되기를 원하신다. 제한적인 것을 버려 무한한 것을 품게 되기를 원하시는 것이다. 주께서 **"언제까지 선물 하나에 만족할 거니? 선물 자체이신 분을 드러내고 싶지 않니? 언제 부분적인 것을 아는 데서 만족하지 않고 모든 것 되신 분을 알려고 할 거니?"** 라고 말씀하신다.

우리는 솔로몬의 성전에서 하나님의 충만함 자체가 내부에서 행한다는 표현을 보게 된다. "그러나 신령한 것이 먼저가 아닙니다. 자연에 속한 것이 먼저요, 그 다음이 신령한 것입니다"(고전 15:46). 자연적인 것에서 우리는 영적 진리의 예들을 찾는 경우가 많다. 자연적 상황은 많은 경우에 영화靈化될 수 있다. 예컨대, 이스라엘은 교회의 상징이다. 구약에서 이스라엘에 일어난 일들은 신약의 우리에게 적용될 수 있다. 이스라엘이 제2차 세계대전 직후 나라로 독립했을 때가 영적으로 우리가 마지막 때에 가까이 가고 있다는 자연적 상징이었던 것이다. 주께서 임하사 당신의 나라, 곧 하나님의 영적 이스라엘을 취하시려는 때가 이른다는 말이다.

다윗의 장막은 친밀함의 장소였다. 거기엔 형식이 없었다. 의식도 없었다. 다윗의 장막에서 희생이 드려진 것은 언약궤가 처음 들어왔을 때뿐이다. 하지만 그 최초의 희생 제사 이후로, 다윗의 장막은 대단히 자발적으로 움직이는 장소였다. 춤을 추는 곳이었으며, 주님의 노래를 부르는 곳이었다. 예언이 숨쉬듯 당연히 여겨지는 곳이었고, 광야의 성막 같은 형식과 예식이 없이 밤낮으로 찬양과 경배가 드려지던 곳이었다.

반면에 기브온 산은 형식의 장소였다. 모세의 성막이 기브온 산에 있었는데, 블레셋 족속이 모세의 성막에서 언약궤를 훔친 것이었다. 그래서 언약궤조차 있지도 않았으며, 후에 다윗이 블레셋 족속으로부터 궤를 찾아왔지만 기브온 산이나 모세의 성막으로 되돌려 놓지는 않았다. 대신 그는 시온 산에 있는 자신의 장막으로 그것을 가져왔다. 그래서 기브온은 형식의 장소요, 제사장들과 레위인들이 율법의 문자적 의미를 성취한 곳이었다. 매일 제사장으로서의 규례와 의무들을 행했던 곳이지만, 친밀함은 없었다. 자발성 spontaneity 이 없는 곳이었다. 그리고 그곳은 하나님의 임재가 거하지 않는 곳이었다.

　기브온 산의 기구와 형식들이 시온 산의 자발성과 생명을 만나, 함께 솔로몬의 성전으로 향했을 때에야 하나님의 영광이 다시 임할 수 있었다. 우리에게 얼마나 자발성과 생명이 있는가는 중요하지 않다. 질서가 없다면, 하나님의 영광은 임하지 않을 것이다. 그리고 마찬가지로, 기브온 산에서도 의식과 규례와 온갖 희생들이 있었지만, 시온 산과 다윗의 장막에서 체험되는 자발성과 친밀함이 없었기에 하나님의 생명이 나타나지 못했다. 그러한 곳에는 영광이 없다.

　하나님의 영광에는 책임이 요구된다. 그래서 우리의 자발성에는 순결함 역시 필요한 것이다. 친밀함과 형식은 상호 배타적인 것이 아니다. 둘 사이에 조화가 있어야만 한다. 뼈대가 없는 삶은 삶이 아니다. 우리의 물리적 육체가 그 좋은 예다. 우리의 심장 박동, 근육, 우리 안의 모든 살아 있는 세포들은 무럭무럭 자라고 있다. 혈관은 싱싱한 피를 운반하고, 생명이 풍성한 영양분과 산소도 몸의 각 부분으로 보낸다. 그렇지만 골격 구조가 없이는 육체가 무력하다. 완벽하게 구성된 골격 구조를 가지고 있는 것과 마찬가지로, 심장이 박동을 하지 않거나 혈관이 그것을 나르지 못하거나, 생명의 역동성을 지닌 세포가 없다거나 하면 우리에게 남는 건 허울 좋은 모양뿐이다. 생명이 없이 말이다.

  좋고, 단단하며 건강한 골격 구조와 살, 피, 그리고 생명의 역동성을 띠고 박동하는 심장이 모두 한 몸 안에 있을 때, 우리는 인간의 몸이 창조된 충만한 의미를 알 수 있게 된다. 솔로몬의 성전에서도 마찬가지였다. 그리고 다윗의 장막의 자발성과 친밀함, 기브온 산 모세의 장막의 규례와 희생 및 형식을 하나로 엮을 때도 마찬가지로, 완벽한 조화를 이룰 때 하나님의 영광을 낳게 된다. 이것은 너무나 강력하고 농축돼 있어서 하나님께서 이렇게 말씀하실 정도다. "내가 이 곳에서 영영히 거하겠다."

  이제 영적 적용이 명확해졌다. 하나님께서는 물리적 기구와 물리적 희생, 하나님의 임재가 있는 물리적 언약궤가 위치한 물리적 장소를 말씀하시는 것이 아니다. 하나님께서는 예언적인 표현으로, 우리가 마음을 드려 '솔로몬의 성전'이 되어 하나님의 율법을 마음에 새기라고 하시는 것이다. 이 일이 일어나면, 하나님의 율법과 규례는 우리가 사랑하고 아끼며 품는 것이 되고 예수와 우리의 교제는 친밀하고 자발적이며, 극적인 것이 된다. 하나님의 성품과 생명이 우리 안에서 결혼으로 맺어지게 된다. 그 때에야 하나님의 충만함이 자기의 백성들 가운데 기쁨으로 거하게 될 것이다.

이 사람들은 하나님의 분명한 임재를 체험할 것이다. 하나님의 임재는 치유와 회복, 능력과 보호, 친밀함, 또 교제로 나타날 것이다.

친밀함과 질서

과거엔 다윗의 장막과 기브온 산이 있었다. 그 둘 사이에는 관계가 있다. 우리는 이 자연적·영적 관계를 다윗의 장막과 기브온 산의 모세의 성막을 연구함으로써 볼 수 있다. 우리가 두 성막(혹은 장막)을 이해할 때, 하나님께서 그리스도 이후 2000년이 지난 이 때에 우리에게 무엇을 원하시는지 더욱 분명하게 깨달을 수 있을 것이다.

기브온 산은 모세의 성막이 위치해 있던 곳이다. 모세의 성막에는 결례潔禮와 희생이 있었다. 제사장들은 이스라엘 민족의 죄를 씻어 하나님으로 하여금 그들의 기도를 들으시도록 하며, 그들이 주께 나아갈 수 있도록 할 의무가 있었다. 제사장들은 매일 희생과 의식, 주의 집의 책무들을 모세의 성막에서 행할 책임을 맡았다. 그것은 이스라엘 자손들이 죄의 씻음을 받고, 하나님의 임재에 들어가 주의 용서를 체험할 수 있도록 하기 위한 것이었다. 블레셋 족속은 언약궤를 훔쳤다. 하나님께서 거하기로 하신 그 아름다운 황금의 상자를 말이다. 모세의 성막은 이제 비게 된 것이다. 하나님의 임재가 사라졌다는 뜻이다.

    이러한 현실에도 불구하고, 제사장들은 계속해서 희생을 드렸다. 그들은 계속해서 향을 피웠다. 모든 형식과 예식들을 행하고, 율법이 요구하는 것들을 모두 지켰다. 하나님의 임재가 없는데도 말이다. 그들은 연합해서 그 제도가 확실히 지속되도록 했다. 하나님의 임재는 더 이상 모세의 성막 안에 있지 않았지만, 모든 의식과 예식들은 하나님의 임재가 없음에도 불구하고, 전과 마찬가지로 지속되었다. 하나님께서 더 이상 그곳에 계시지 않았고 궤도 없었지만, 그들은 전과 같이 하던 모든 일을 해 나갔다.

    그 때 다윗이 움직여 언약궤를 되가져 왔다. 하지만 그것을 기브온 산으로 가져가 모세의 성막 안에 두는 것이 아니라, 예루살렘으로 가져와 자기의 뒷마당에 장막을 치고 거기에 궤를 두었다. 다윗의 장막 **안**에서는 언약궤를 앞에 두고 놀라운 찬양과 경배가 이어졌다. 희생은 꾸준히 기브온 산에서 드려졌음에도 말이다. 합법적이고, 올바른, 그리고 하나님께서 제정하신 율례들은 여전히 기브온 산에서 행해지고 있었지만, 하나님의 임재는 그곳에 있지 않았다. 하나님의 임재는 다윗이 세운 장막 안에 있었다. 찬양과 경배는 다윗의 장막 안에서 이뤄졌다.

이것이 자연적 예다. 기브온 산에서는 하나님의 율법, 하나님의 규례와 규정들이 여전히 존대되고 있었다. 이건 그저 전통에 대한 이야기가 아니다. 기브온 산의 제사장들은 그저 전통을 중시하는 마음으로 그 일을 행한 것이 아니다. 그들은 하나님께서 제정하신 책무를 다한 것이다. 그들은 하나님께서 주신 규칙과 규례들을 엄수하고, 하나님께서 말씀하신 대로의 희생을 드리고 있었다. 그들이 기브온 산에서 행하고 있던 일들은 하나님께로 말미암은 것이다. 하나님께서 그리 행하라고 하셨다. 언약궤가 사라졌지만, 하나님께서는 그들에게 성막을 "닫으라"는 명령을 내리시지 않았다.

다윗의 장막에는 휘장이 없었고, 성소나 지성소도 없었다. 그곳엔 그저 언약궤만이 있었다. 사람들은 자유로이 드나들 수 있었다. 다윗의 장막에는 자발성이 있었고, 예언의 말씀이 있었다. 생명이 있었다. 관계가 있었으며, 친밀함, 열정, 흥분, 영광과 능력이 있었다. 생명을 둘러싼 모든 일이 다윗의 장막에서 일어났다.

다윗의 장막을 묵상해 볼 때, 우리는 하나님께서 다윗에게 그 장막을 지으라고 명하신 기록이 없음을 발견한다. 주께서는 언약궤를 다윗이 행한 방법대로, 혹은 그가 선택한 장소에 지으라고 명하신 적이 없다. 다윗이 한 것처럼 방 하나를 남겨 두라는 지시가 전혀 없었다.

하지만 솔로몬의 성전에 대해서는 나단 선지자를 통해 다윗에게 건축 명령이 내려졌다. 하나님께서 극도로 정교한 지시를 내리신 것이다. 모든 것은 하나님의 양식대로 축조되었다. 모든 것이 그 계획에 따라 지어져야만 했다. 그리고 마침내 거기 영광이 임했다.

기브온 산에서는 그다지 흥분할 만한 일이 없었다. 그럼에도 불구하고 하나님께서 그들에게 그러한 일들을 하라고 명하셨다.

당시의 사람들이 어느 곳으로 몰려들었으리라고 생각하는가? 자발성과 생명, 열정, 예언의 말씀, 하나님의 임재, 그리고 하나님과의 친밀함을 누릴 수 있다는 흥분이 있는 다윗의 장막일까? 아니면 동물의 도살과 살 타는 냄새, 그리고 매일매일 희생 제사가 드려질 뿐이었던 기브온 산일까? 당연히 아무도 기브온에 있기를 원치 않았다. 모두가 다윗의 장막에 있으려 했다.

성경에서 가장 흥분할 만한 책이 역대기다. 역대 상의 아주 중요한 구절, 기브온 산과 다윗의 장막의 차이를 묘사해 주는 부분을 보자. "제사장 사독과 그의 동료 제사장들은 기브온 산당에 있는 주의 성막 앞에서 섬기게 하였다. 그들은, 이스라엘에 명하신 주의 율법에 기록된 그대로, 번제단 위에서 아침 저녁으로 계속하여 주님께 번제를 드렸다"(대상 16:39-40). 이 구절들은 다윗 왕이 어떻게 기브온 산에 희생 제사가 계속 드려지도록 명했는지를 보여 준다. 37절과 38절을 보면, 시온 산의 궤에 대해 말씀한다.

"다윗은 아삽과 그의 동료들을 주의 언약궤 앞에 머물러 있게 하여, 그 궤 앞에서 날마다 계속하여 맡은 임무를 수행하도록 하였다. 오벳에돔과 그의 동료 예순여덟 명과 여두둔의 아들 오벳에돔과 호사는 문지기로 세웠다."

다윗 왕은 기브온 산에 희생이 계속 드려지도록 명령했다. 제사장들은 명령대로 매일의 의식을 이어가고, 모세의 성막을 유지하기 위한 책무를 다했다. 하지만 시온 산에서 그는 제사장들로 하여금 지속적으로 경배와 찬양을 드리게 했다. 그래서, 우리는 두 가지 일이 동시에 일어나는 것을 보는 것이다. 형식, 그리고 하나님께서 기브온 산에 주신 의식과 규례들이 지속되고 있었으며 동시에 경배와 찬양의 자발성과 친밀감도 시온 산 다윗의 장막에서 이어지고 있었다.

솔로몬이 즉위했을 때, 그는 하나님의 영광이 머물 수 있는 집을 건축하기 시작했다. 성전을 지었던 것이다. 결국 언약궤가 영원한 안식처로 들어가는 날이 이른 것이다.

솔로몬은 주의 언약궤를 시온, 곧 '다윗 성'에서 성전으로 옮기려고, 이스라엘 장로들과 이스라엘 자손의 각 가문의 대표인 온 지파의 지도자들을 예루살렘으로 불러모았다. 이스라엘의 모든 남자가 일곱째 달 절기에 왕 앞에 모였다. 이스라엘의 모든 장로가 모이니, 레위 사람들이 궤를 메어 옮겼다. 궤와 회막과 장막 안에 있는 거룩한 기구를 모두 옮겨 왔는데, 제사장들과 레위 사람들이 그것을 날랐다 (대하 5:2-5).

그들에게 필요한 모든 기구들은 기브온 산으로부터 옮겨졌고, 언약궤도 날라 왔다. 그리고 그 모든 것을 솔로몬의 성전으로 가져간 것이다. "솔로몬 왕과 왕 앞에 모인 온 이스라엘 회중이 궤 앞에서, 양과 소를, 셀 수도 없고 기록할 수도 없을 만큼 많이 잡아서 제물로 바쳤다. 제사장들은 주의 언약궤를 제자리, 곧 성전 내실 지성소 안, 그룹들의 날개 아래에 가져다가 놓았다"(대하 5:6-7).

이것은 흥분될 뿐 아니라 중차대한 본문이다. 그들이 다윗의 장막으로부터 솔로몬의 성전으로 언약궤를 옮긴 건 겨우 몇 미터였다. 그 길은 전부 그들이 잡은 양과 소의 피로 적셔 있었다. 그 짧은 거리에 너무나 많은 양과 소가 도살되어 셀 수 없었다는 것이다.

당시의 사람들은 수십만 단위로 수를 셀 수 없었음을 알지만, 정말 그들은 그 짧은 몇 백 미터에 너무나 많은 우양을 잡아 셀 수 없었다는 것이다. 그들의 계수 능력을 넘어섰다는 것이다. 성경은 측량이 불가능했다고 말씀한다. 그들이 드린 희생이 너무나 많아 그들의 계산 용량을 넘어섰다는 것이다.

그 길가에 얼마나 많은 피가 뿌려졌을지 상상할 수 있겠는가? 그렇게 영광스럽고, 자발적이며 친밀하던 것이 한순간에 피로 범벅이 됐다. 갑자기 피로 뒤덮이고 만 것이다.

다윗의 장막이나 기브온 산이나 하나님의 충만함으로 이르는 길은 우리가 측량할 수 없을 만큼의 엄청난 희생으로 충만한 것이었다. 그리고 그것이 주님의 영광을 체험하기 위해 요구된 것이었다. 이 진리는 인간이 얼마나 전적으로 타락했는지 우리에게 증거해 주는 것이다. 또 다른 면에서 우리는 그것을 보고 다윗의 장막이 친밀함의 표현이지만, 솔로몬의 성전은 통치와 다스림, 왕권의 상징이라고 할 수 있다.

이로부터 우리는 하나님과의 친밀함으로부터 이 삶에서의 다스림과 통치, 지배와 권세로 나아가는 데에는 엄청난 희생이 필요함을 배우게 된다. 거기엔 내가 생각하는 자아의 죽음이 요구된다. 그 길은 무지막지한 피로 뒤덮인 길이다.

"궤에서 삐죽 나온 두 개의 채는 길어서 그 끝이 지성소의 정면에 있는 성소에서도 보였다. 그러나 성소 밖에서는 보이지 않았다. 그 채는 오늘날까지 그 곳에 그대로 놓여 있다"(대하 5:9). 언약궤를 제사장들이 양쪽의 고리에 채를 끼워 옮겼다. 제사장들은 그 대를 어깨에 메었다. 언약궤가 만들어졌을 때, 그 채는 고리에 끼워졌는데, 언약궤가 영원한 안식처에 이르기까지 그것들을 제거했다. 언약궤가 솔로몬 성전으로 옮겨져 제자리를 찾자마자, 그들은 채를 궤에서 빼냈다. 왜냐하면 언약궤가 있을 곳을 만났기 때문이다. 하나님의 임재도 제자리를 찾았고, 다시는 움직일 이유가 없었다.

성경은 언약궤 안에 호렙에서 모세가 넣은 두 개의 돌판 외에는 아무것도 없었다고 기록한다. 이스라엘 백성들이 이집트에서 나와 주님과 언약을 맺고 받은 돌판 말이다. 그러나 빠진 게 있었다. 아론의 싹 난 지팡이가 없었다. 만나도 없었다. 이것들에게 무슨 일이 일어난 걸까? 우리를 향한 하나님의 계획의 충만함으로 들어가려면, 우리 마음에는 하나님의 율법 외에는 아무것도 없어야 한다. 우리는 하나님이시라는 이유만으로 그분을 섬기며, 단지 우리의 마음이 그분을 향해 불타고 있기 때문에 섬기는 것이다.

아론의 싹 난 지팡이는 우리 인생이나 사역에서의 소명을 예표한다. 우리는 어떤 사역으로의 부르심을 받거나, 책을 쓰거나 아름다운 가정을 세우도록 부르심을 받기도 하지만, 이러한 것들은 그 자체로 우리가 하나님을 섬기는 이유가 되지 못한다. 만나 또한 거기 없었다. 하나님의 우리를 향한 기적적인 채우심이 우리를 움직여 가는 것이 아니다. 우리 마음을 계속해서 하나님 향해 불타오르게 하는 것은, 그분의 은혜다. 우리가 친밀함뿐 아니라 통치, 다스림, 예수의 권세 안으로 들어가려면 우리 마음에 그것이 있기 때문에 행하는 이유일 것이다. 우리는 "하나님께서 나를 능한 지도자로 부르셨기" 때문에 그렇게 할 수 없고, 우리를 채워 주시기 때문에 그리할 수도 없다.

우리는 하나님을 사랑하고 섬길 것이다. 왜냐하면 주께서 우리를 위대한 지도자로 부르지 않으시고, 놀라운 것들을 공급해 주지 않으시더라도 우리 마음이 불타고 있기 때문이다. 나는 하나님의 하나님 되심을 인해 그분을 섬길 것이요 그분을 사랑함과 그분의 찬양과 영광, 섬김을 받기에 합당하심을 인해 섬길 것이다. 주께서는 만유의 하나님이시다.

또 예수께서는 무리에게 말씀하셨다. "너희가 나를 찾아온 것은 표적을 보았기 때문이 아니라, 빵을 먹고 배가 불렀기 때문이다"(요 6:26). 하지만 주께서는 배를 채워 주시든 그렇지 아니하시든 자신을 따를 백성을 찾으실 것이다. 그저 그분을 향한 사랑어린 열정에 불타서 따라가려는 백성을 찾으실 것이다. 그 사람들의 마음에는 오직 주의 율법이 쓰여 있을 것이다.

그들의 마음엔 쓴 뿌리나 미성숙이 있을 수 없다. 어떠한 욕심이나, 권력욕도 있을 수 없다. 어떤 모양의 악도 찾아볼 수 없을 것이다. 어떤 육적인 것도 없을 것이다.

우리가 이 생에서 하나님의 충만함을 향해 가려면, 우리 마음에는 하나님의 법 외에는 아무것도 있어선 안 된다. 이로 인해 우리는 다윗의 장막이라는 친밀함의 장소에서 솔로몬의 성전이라는 충만함의 장소, 곧 영원한 거처로 향해갈 수 있을 것이다. 자연적인 것이 먼저 있은 뒤에 영적인 것이 온다.

"제사장들이 성소에서 나올 때에, (제사장들은 갈래의 순번을 가리지 않고, 모두가 이미 정결 예식을 마치고 거기에 들어가 있었고, 노래하는 레위 사람들인 아삽과 헤만과 여두둔과 그들의 아들들과 친족들이 모두, 모시 옷을 입고 심벌즈와 거문고와 수금을 들고 제단 동쪽에 늘어서고, 그들과 함께 나팔 부는 제사장 백이십 명도 함께 서 있었다) 나팔 부는 사람들과 노래하는 사람들이 일제히 한 목소리로 주께 찬양과 감사를 드렸다. 나팔과 심벌즈와 그 밖의 악기가 한데 어우러지고, '주님은 선하시다. 그 인자하심이 영원하다' 하고 소리를 높여 주님을 찬양할 때에, 그 집, 곧 주의 성전에는 구름이 가득 찼다. 주의 영광이 하나님의 성전을 가득 채워서, 구름이 자욱하였으므로, 제사장들은 서서 일을 볼 수가 없었다"(대하 5:11-14).

기브온 산에는 영광의 구름이 임했다는 기록이 없다. 그리고 다윗의 장막과 관련된 온갖 흥분과 기대감에도 불구하고, 다윗의 장막 안에는 하나님의 영광의 구름이 한 번도 없었다. 영광의 구름은 주께서 제정하신 요구 사항들이 하나님의 임재와 결합(혼인)할 때 나타난다. 그런데 이스라엘 백성들은 수많은 희생 제사와 더불어 솔로몬의 성전에 있었다. 그 때 그곳에 영광의 구름이 임한 것이다.

우리는 종종 "여기엔 자발성이 있기 때문에 질서는 중요치 않다"고 직접 선포하거나, 혹은 그런 뜻을 암시하는 강의들을 듣게 된다. 나는 기브온 산이 옛 것으로 좋은 것이 없으며, 그곳의 제사장들은 육적이고 정욕적이며, 너무나 전통적이라 하나님의 영광을 보지 못했던 것이라고 항상 생각했다. 그들은 기계적인 감각으로 의식들을 행할 뿐이었다. 내 생각에 다윗의 장막은 바로 하나님의 임재 자체였다.

그러나 최근에 나는 기브온산이 전혀 나쁠 것이 없는 곳이었음을 깨달았다! 그들이 기브온에서 행한 모든 것은 주께서 제정하시고 요구하신 것이었다. 그들은 그저 전통주의자들이 아니었다. 하나님께서 그들에게 명하신 일들을 행하고 있었던 것이다.

우리가 항상 친밀함이라고 불러온 그것이 어느 정도 우리를 인도해 주겠으나, 친밀함에는 책임과 신용이 뒤따라야만 한다. 진정한 친밀함은 영속적인 사랑의 관계를 통해서만 체험될 수 있다. 영속적 사랑의 관계는 책임과 신용을 낳게 마련이다.

기브온 산은 율법의 요구가 성취된 곳이었다. 하나님의 임재를 떠나도 우리는 옳은 일을 행할 수 있다. 그렇지만 그것을 하나님의 임재 없이 우리 힘으로만 감당하려 하면, 거기엔 영광이 없다. 우리는 춤추고 소리치며, 주를 찬양하고 예언하며 방언하고, 77개의 기를 들고 행진할 수도 있다. 허나 그 모든 일을 불순함으로 행하거나, 공의의 요구를 충족시키지 못한 채로 그렇게 행하면 영광이 있을 수 없다. 하나님의 공의와 하나님의 임재를 위한 요구 사항들이 결혼하듯 연합되어야 영원히 영광스런 거처가 탄생되는 것이다. 하나님의 영광이 나아와 온 땅을 그 영광으로 가득 채운 그 곳이 솔로몬의 성전인 것이다. 이 황금의 성전이 우리 안에 있다.

이것은 내가 외치거나 주장하거나 믿을 수 있는 것이 아니다. 그것을 위해 내가 죽고자 하는 것이다. 마음이 깨어져 어떻게 할 수 없을 때 생명이 나타나는 것이다. 생명은 강요될 수 없다. 사람이 생명을 명할 수 없다. 세상은 실재와 생명을 갈구한다. 진정 믿을 만한 것을 기다리고 있다. 마지막 때가 속히 다가오고 있음을 볼 때, 세상은 주님, 곧 실재를 간절히 기다리고 있다.

　인간의 탑들이 무너지고 그 영광은 사라지며, 하나님께서 눈만 깜빡 하사 이 땅에 진노를 보내시면 인류의 영광엔 종말이 임한다. 그리고 인간은 실재를 부르짖는다. 지금 이 순간에도 큰 열망으로 부르짖기 시작하는 이들을 본다. 다가올 날에 우리는 잃어버린 영혼들이 더 강한 열망으로 주께 부르짖음을 볼 것이며, 온 인류가 실재를 구함을 볼 것이다.

　사람들은 종교를 원치 않는다. 철학도 원치 않는다. 좋은 말을 원하는 것이 아니다. 사람들은 위로받기만을 원치 않는다. 도움을 필요로 한다. 세상은 실재와 생명을 구한다. 그들에게 생명을 전해 줄 이들이 있을 것이다.

　오직 하나님께서만 생명을 명하실 수 있다. 내가 여러분에게 생명을 명령할 수는 없다. 여러분이 스스로에 대해 죽어 생명이 탄생되게 하든지, 그렇지 않으면 생명은 없는 것이다. 오직 여러분만이 할 수 있는 결정이다. 이것이 정말 무섭고 위험한 부분이다. 왜냐하면 우리 중 누구도 다른 이들이 잘못된 선택을 하는 것을 원치 않기 때문이다. 요점은 **우리가** 우리 삶에 영향을 미칠 결정을 내린다는 것이다.

솔로몬의 기도

솔로몬은 성전 봉헌의 기도를 드렸다.

"나의 하나님, 이 곳에서 사람들이 기도를 할 **때마다**, 주께서 눈을 떠 살피시고, 귀를 기울여 들어 주십시오. 주 하나님, 이제는 일어나셔서, 주께서 쉬실 곳으로 들어가십시오. 주의 능력이 깃든 궤와 함께 가십시오. 주 하나님, 주를 섬기는 제사장들에게 구원의 옷을 입혀 주십시오. 주를 믿는 신도들이 복을 누리며 기뻐하게 해주십시오"(대하 6:40-41).

솔로몬의 기도가 다윗이 시편에서 한 예언처럼 들리지 않는가?

"이 곳은 영원히 내가 쉴 곳, 이 곳을 내가 원하니, 나는 여기에서 살겠다. 이 성읍에 먹을거리를 가득하게 채워 주고, 이 성읍의 가난한 사람들에게 먹을거리를 넉넉하게 주겠다. 제사장들로 의로운 일을 하게 하고, 성도들로 기쁨의 함성을 높이게 하겠다"(시 132).

우리는 이 예언이 솔로몬의 성전에서 성취됨을 볼 수 있다.

"주 하나님, 이제는 일어나셔서, 주께서 쉬실 곳으로 들어가십시오. 주의 능력이 깃든 궤와 함께 가십시오. 주 하나님, 주를 섬기는 제사장들에게 구원의 옷을 입혀 주십시오. 주를 믿는 신도들이 복을 누리며 기뻐하게 해주십시오. 주 하나님, 주께서 기름 부어 세우신 사람을 내쫓지 마시고, 주의 종 다윗에게 베푸신 은총을 기억하여 주십시오" (대하 6:41-42).

기브온 산 회막의 물건과 기구들, 그리고 다윗의 장막의 하나님의 임재가 솔로몬의 성전으로 옮겨졌을 때, 또 언약궤가 지성소로 들여졌을 때 희생 제사가 단에 드려졌다. 솔로몬이 봉헌의 기도를 드렸다. 그들은 그에게 불을 주었고 그는 하나님께 드리려 준비한 제물에 불을 붙일 준비가 되었는데, 다른 일이 일어났다. 다른 누군가가 불을 붙인 것이다.

"솔로몬이 기도를 마치니, 하늘에서 불이 내려와 번제물과 제물들을 살라 버렸고, 주의 영광이 그 성전에 가득 찼다. 주의 영광이 주의 성전에 가득 찼으므로, 제사장들도 주의 성전으로 들어갈 수가 없었다. 이렇게 불이 내리는 것과 주의 영광이 성전에 가득 찬 것을 보고, 이스라엘 모든 자손은 돌을 깎아 포장한 광장에 엎드려 경배하며, 주께 감사하여 이르기를 '주님은 선하시다. 그 인자하심이 영원하다' 하였다"(대하 7:1-3).

순종이 열쇠

하나님의 충만함 가운데 행할 방법이 **있다**. 하나님의 임재와 그분의 능력을 체험할 길이 있다. 그것은 그저 순종으로 행하는 것이다. 주께 순종으로 반응하고 주님의 빛 가운데 거하며, 하나님께 자신을 내어드리는 것이다.

우리 몸을 성령께 드리고 예수로 주인 삼는 것만이 하나님의 궁극적 계획이 우리 안에 이뤄질 유일한 길이다. 우리 마음이 하나님께 굴복되면, 주께서 우리의 노래와 경배, 춤, 은사, 그리고 능력을 받으신다. 놀라운 교통함이 따라오는 것이다!

이것은 친밀함에서, 친밀함에 책임감이 **더해진** 형태로 옮겨가는 것이다. 여기엔 막중한 희생이 따르는데, 너무나 커서 측량할 수 없는 희생이다. 우리가 하나님의 뜻에 저항하지 않으면, 여기에 영광의 구름이 임하게 된다. 우리는 희생이 이뤄지도록 순종해야 한다. 그리고 그 때 비로소 우리는 '거듭남'이라고 불리는 매일의 충만한 생활을 체험하게 될 것이다.

우리는 그저 천국에 갈 수 있는 상태에서 하나님의 임재와 능력, 충만함이 우리 안에서 강처럼 흘러 온 땅을 적실 상태로 나아가는 것이다. 그렇게 주님의 임재가 드러나는 것이다.

사람들이 사역을 감당해 내는 적합한 교회 조직이 존재한다. 말씀도 가르치고, 질서와 존중의 필요도 만족시키고 있다는 것이다. 그렇지만 하나님의 임재는 없다. 그들은 필요한 일들을 하고 있는 것이다. 교회가 역학적으로 운영되도록 계속하고 있지만, 하나님께서 거기 안 계시기에 영광 또한 없는 것이다. 이런 이들을 기브온 산의 제사장들에 비해 보자.

한편, 은사주의 운동이라는 것이 있는데, 그것을 여기서는 다윗의 장막과 연결시켜 보려 한다. 이들은 매우 자발적으로 일하고, 엄청난 영광과 친밀함을 누리며, 성령의 열매 및 그와 관련된 모든 것을 안다. 또한 질서의 요소도 갖고 있지만, 조직 자체로는 하나님의 영광을 임하게 하지 못한다.

우리가 지금까지 은사주의 운동에서 체험한 것은 하나님의 영광의 영원한 거처를 진정으로 세우지 못했다는 것이다. 교회는 현재 우리가 전통적으로 은사주의 운동이라고 알아온 것과 '비전통적'인 교회의 모습을 명하신 것들을 하나로 연합하사 하나님의 충만함을 알도록 하시려는 시점에 와 있다.

"말세에…. 사람들은…. 겉으로는 경건하게 보이나, 경건의 능력은 부인할 것입니다"(딤후 3:1-5). 이 사람들은 자신들이 말하고 행해야 할 모든 옳은 일을 알고 있을 것이나, 그것들이 이뤄지도록 할 능력이 없을 것이다. 거룩함은 하나님의 생명이 없으면 형태를 잃는다.

반면에 은사주의 운동이라는 구호 아래 우리는 요한이 드러낸 진리를 본다. "그의 안에서 생겨난 것은 생명이었으니, 그 생명은 모든 사람의 빛이었다. 그 빛이 어둠 속에서 비치니, 어둠이 그 빛을 이기지 못하였다"(요 1:4-5).

요엘은 말했다. "하나님께서 말씀하셨다. 마지막 날에, 나는 내 영을 모든 사람에게 부어 주겠다. 아들과 딸들은 예언을 하고, 젊은이들은 환상을 보고, 나이 든 사람들은 꿈을 꿀 것이다. 그 날에 나는 내 영을 내 남종과 여종에게 부어 주겠으니, 그들도 예언을 할 것이다"(행 2:17-18). 자발성과 생명은 연합해 경건으로 이어져야 한다. 참된 질서가 참된 영적 체험을 만날 때, 경건은 선명하도록 거룩한 생활 방식이 된다.

다윗의 장막과 기브온 산은 솔로몬의 성전에서 하나가 된다. 거기서, 생명은 하나님께서 명하신 그대로 회복되고, 우리는 하나님의 진면목을 볼 수 있게 된다. 친밀하시고, 사랑이 많으시며, 온화하시고 긍휼을 베푸시는 사랑스러우신 하나님께서 또한 공의롭고 거룩하시며, 거짓 없으시며 순결하심을 알 수 있을 것이다.

주께서는 모든 일이 단정하고 질서 있게 처리되길 원하신다. 우리는 생명과 우리가 체험한 성령의 역동성을 말씀의 훈계, 거룩함, 그리고 가르침에 연결시켜야 하나님의 충만하심을 바로 체험할 수 있다.

히브리서를 보면, "그(예수)는 자기 앞에 놓여 있는 기쁨을 내다보고서, 부끄러움을 마음에 두지 않으시고, 십자가를 참으셨습니다"(히 12:2)라고 나와 있다. 문제는 다윗의 장막이 맞냐 솔로몬의 성전이 맞냐가 아니다. 예수께서는 "내가 곧 길이요 진리요 생명이다"(요 14:6)라고 하셨다. 예수께서 "내가 길이다"라고 하신 것은, 하나님의 계획을 향한 길에 대해 말씀하신 것이다. "내가 진리다"라고 하신 것은 진리가 기브온의 율법이라는 뜻으로 하신 말씀이다. "내가 생명이다"라고 하신 것은 하나님을 가리키신 것이다.

이 강력한 요소들 (길, 진리, 그리고 생명)이 하나로 뭉쳐질 때, 신성이 충만하게 드러난다. 하나님의 계획, 곧 그분의 길은 진리와 생명이 하나되어, 우리로 하나님의 참모습을 발견하게 하시는 것이다. 이는 또한 우리에게 하나님께서 무얼 마련해 두셨는지를 바로 보여 주게 될 것이다. 그럼으로써 우리 가운데 하나님의 임재가 분명해질 것이다.

모두가 하나님의 성품을 너무나 강조해 다른 모든 진리를 배제시켰을 때, 우리는 기브온 산을 향하게 됐다. 우리는 "여러분은 이렇게 행동해야 합니다. 가족은 이래야만 합니다. 그 일을 이렇게 처리해선 안 됩니다"라고 전해 왔다. 하지만 너무나 자주 우리의 전하는 바에 하나님의 생명에 대한 강조가 없었다. 우리가 부담을 가져야 하는 것은 하나님의 성품이 그분의 능력과 연합해, 우리가 그분의 참모습을 보고 우리의 삶 가운데 무엇을 행하고자 하시는지를 알 수 있어야 한다는 것이다.

믿음은 들음에서 나기 때문에, 우리가 변화되기 위해서는 들어야 한다. 우리를 향한 하나님의 계획은, 하나님께서 다스리실 때 필요한 친밀함과 거룩함의 보여 주심으로 온전하게 드러날 것이다. 그렇게 하나님께서는 자신의 임재가 충만히 드러나기를 기뻐하시고, 온 세상이 자신의 사랑을 보기를 원하신다.

충만함을 향해

하나님께서 우리 안에 행하고자 하시는 일은 이것이다. 주께서는 우리를 충만함의 자리로 이끌고자 하신다. 우리를 '솔로몬 성전', 곧 우리 마음속 충만함의 자리로 인도하고자 하신다. 하지만 기억해야 할 것은, 이 충만함의 자리가 피로 물들어 있다는 것이다. 하나님의 성품이 그 능력과 결합하며, 하나님의 성품이 우리의 유한한 육체 속에 탄생되는 그곳은 우리의 피로 물들어 있다. 갈보리의 희생은 드려졌고, 문은 우리를 향해 열려 있다. 하지만 우리는 죽어야만 한다. 그래야 하나님의 성품과 능력이 우리 안에서 연합되고, 하나님의 영광이 나타나며 임재가 충만해지는 것이다.

우리는 변화할 것인가를 결정할 수 있는 존재다. 아무도 그 결정을 대신해 줄 수 없다. 성경은 예수께서 자의로 목숨을 주셨다고 기록한다. 아무도 그분의 목숨을 취하지 않았다. 스스로 **주신** 것이다. 아무도 예수께서 십자가에서 죽으시도록 만들지 않았다. 스스로 원하셔서 하신 일이다.

우리들도 마찬가지다. 우리가 격려받을 수도 있고, 권고받을 수도 있지만 개인의 의지로 제단 위에 생명을 내려놓고자 하는 결단이 있어야 한다. 이것은 우리가 그저 육체적으로 하는 일이 아니다. 정신적으로, 감정적으로 하는 일인 것이다. 행동만을 하는 것으로는 부족하기 때문이다.

예수께서 '내가 이 일을 하고 있다니 믿을 수 없군! 내가 십자가를 지러 간다니! 실수를 하는 거야! 내가 왜 이 일을 해야 하는지 이해가 안 되네'라고 생각하셨을까? 그러한 태도가 주님의 마음 가운데 한 번이라도 스쳤으리라고 생각하는가?

하지만 우리 자신을 살펴볼 때, 이러한 태도가 마음을 스치는 일이 있을까? 사실 중요한 건 우리의 **행동**이 아니다. 너무나 자주 우리를 막아서는 것은 우리의 생각이다. 주께서 우리 생각을 소유하시면, **우리를** 소유하시는 것이다. 우리가 주님의 역사에 저항하지 않고 복종하면, 주님의 성품은 진정 그 능력과 결합되어 우리 안에 생명을 낳고, 우리로 하여금 기브온 산이나 다윗의 장막, 어디로든 자유로이 나아갈 수 있게 한다.

주께서는 **우리를** 거하실 곳으로 택하셨다! 히브리서는 예수께서 처음에 죄를 지기 위해 오셨으나, 다시 나타나실 때에는 구원을 위함이라고 기록한다 (히 9:26-28). **그리고 우리가 지금 자연계에서 보는 것은, 절대적이고 문자적 현실 속에서 영계에서도 일어난다.** 더 이상 솔로몬의 성전은 없고, 대신 우리가 주님의 직접적 임재로부터 생활하고 사역할 수 있는 하나님의 성소가 있다.

그러면 우리는 어디서부터 시작해야 할까? 그리고 다윗의 장막과 모세의 성막이 우리 삶 속에서 솔로몬의 성전으로 연합되는 것을 어떻게 보게 될까?

때로 우리는 찬양과 경배의 자발성이 우리가 해야 할 다른 일들도 감당해 주리라고 생각한다. 예를 들어, 차분히 앉아 기도하고 진정 주님을 구할 시간이 없으면, 우리는 걸어 다니며 기도하거나, 혹은 집회에 가서 더 크게 소리치며 찬양하기도 한다. 그러나 우리가 이해해야 할 것은, 하나님과의 깊고 영속적인 관계를 세워 가려면 그저 집회에서 손을 흔들고 춤추며, 찬양 곡들을 불러 드리는 것으로는 충분치 않다는 것이다. 우리는 개인적으로 주님과 시간을 보내고 마음의 평온한 시간을 주께 드려야 한다. 그것이 다윗의 장막과 모세의 성막을 연합시킬 수 있는 길이다.

마찬가지로 우리가 하나님의 임재가 순결함 가운데 거함을 깨닫는 것은 중요하다. 은사주의 운동은 찬양과 경배를 많이 했지만, 순결에 대한 가르침이 부족했다. 하나님께서는 우리가 순결하고 거룩하기를 원하신다. 우리의 동기와 마음이 순결한 가운데 주와 동행하기를 원하신다.

우리의 정신적 태도가 책임감의 다른 부분을 형성한다. 우리가 어떻게 생각하느냐가 중요하다. 반면, 우리는 하나님의 사랑을 증거하고, 그에 대해 나누며 이야기하고 싶은 사람들이지만, 동시에 혀에 재갈을 물려 소문이나 참견 잘 하는 이들이 되지 말아야 한다. 하나님께서 우리 혀를 다른 이들과 복음 나누는 데에 쓰라고 주셨기에, 우리는 대적이 혀를 통해 무너뜨리고, 편을 가르고 파괴하도록 허락해서는 안 된다.

우리는 종종 우리 영이 경배와 찬양 가운데 비상하는 것을 즐기지만, 자녀들 때문에 화가 날 때도 영혼을 통제할 줄 알아야 한다. 우리의 믿음은 눈에 보이는 것이어야 한다. 단지 집회에서 말을 하고 예언을 하는 것이 아니라, 집에서, 자녀들 앞에서, 그리고 아무도 보지 않을 때에 드러나야 한다. 내가 교회에서와 집에서 다르게 행동한다면, 나는 기브온 산보다 다윗의 장막에 가까운 상태일 것이다. 우리의 찬양과 경배는 대단하고 자발적일지 모르지만, 기브온 산이 영향력을 미치게 되면 우리는 교회에서 노래하고 소리치는 종류의 삶이 우리에게 요구하는 책임감을 이해할 수 있게 된다.

이로써 우리는 주님의 분명한 임재를 삶 속에서 느끼게 되는 다음 단계로 향하게 된다. 우리가 그 임재를 어떻게 지고 가는가? 아브라함, 이삭, 그리고 야곱의 삶은 이에 대해 우리에게 증거하는 바가 많다.

3부
주인의 용도에 맞도록

7
하나님의 솜씨
내적 영역의 변화

우리 마음의 갈망을 성취시키심

하나님과 동행하는 백성에게 주어진 영원한 품질 증명은 하나님과의 생기 넘치고, 팔팔하며 마음으로 통하는 관계를 통해 생기는, 변화에 대해 열린 마음이다. 이들은 그저 집회에 참석해 주를 찬양한 후 집회장을 나와서는 이웃을 저주하는, 표면적 교인이 아니다. 오히려 훨씬 더 중요한 문제에 관심을 갖고 있다. 하나님의 마음의 계획을 좇는 것이다. 그들이 어떻게 말하는지, 심지어는 어떻게 행하는지가 중요한 게 아니며, 그들을 향한 하나님의 계획을 바라보며 그들을 통해 의미 있는 일을 하실 수 있다는 사실을 깨닫는 것이다.

바로 여기에 진정한 친밀함의 문제가 개입된다. 하나님께서는 항상 교제하실 수 있고 친구 삼으실 수 있는 백성을 원하셨다. 아담과 같이 서늘한 날에 동행하실 수 있는 백성을 늘 찾으셨다. 하나님의 마음은 우리 마음을 쫓고 계시며, 우리와 개인적 교제와 우정을 쌓기를 원하신다. 우리가 성취할 수 있는 다른 모든 것, 모든 은사, 모든 사역, 하나님께 받을 수 있는 모든 부르심은 이 지고한 부르심에 비하면 아무것도 아니다. 우주의 창조주와 함께 걷고 교제하며, 친구되는 것 말이다.

하나님께서는 가장 깊은 곳의 변화를 갈망하며 스스로를 내어 드리는 백성을 찾고 계신다. 가장 깊은 곳은 하나님께서 거하시는 곳이기 때문이다. 주님의 성소는 우리 마음에 있으며, 그분의 율법이 거기 기록되었고 거기서 주님의 임재가 우리 삶에 나타나기 시작한다. 그것이 없다면, 우리는 잃어버린 것이다. 그것이 없이는 모든 집회도 무의미하다. 살아계신 하나님과 만나는 것만이 변화를 낳을 수 있다.

요한의 제자들은 요한이 수감 중일 때 예수께 나아와 여쭸다. "오실 그분이신가요, 아니면 저희가 다른 이를 기다려야 하나요?" 예수께서 이렇게 말씀하셨는가? "돌아가서 요한에게 본 것을 전하시오. 지금 막 회당에 새로운 교육용 건물을 추가했소. 이제 예루살렘 최고의 회당이 될 것이오." 그럴 리가 없다. 예수께선 이렇게 답하셨다. "가서 보고 들은 것들을 요한에게 보고하시오. 눈먼 자가 시력을 얻고, 저는 자가 걸으며, 문둥병자가 깨끗하게 되고, 귀머거리가 들으며 죽은 자가 살아나고, 복음이 가난한 자들에게 전파되었다고 말이오"(마 11:4-5). 요한이 그 보고를 들었을 때, 그 마음엔 엄청난 기쁨으로 충만했을 것이다. 실상 예수께서는 그에게 이렇게 말씀하셨다. "하나님 나라가 가까이 왔다." 마태복음 11장은 단순히 이사야 35장과 62장의 반복이다. 예수께서는 "요한에게 가서 성경이 성취되었다고 전하시오"라고 말씀하셨다.

하나님께서는 사람들 가운데 일하고 **계신다**. 하나님께서는 사람들을 변화시키고 **계신다**. 하나님께서는 땅에 가까이 임하고 **계시며**, 하나님 나라는 세워지고 **있다**. 주님의 예언적 진리를 선포하는 백성이 **있다**. 예수께서는 요한이 이것을 알기 원하셨다. "내가 말을 하고, 일들은 벌어지고 있다. 변화가 나타나고 있다. 증거가 있는 것이다. 그저 내가 말로 설득하는 것이 아니라, 내가 내 말 그대로의 존재라는, 하늘로부터의 증거가 있다."

우리는 너무나 회의적이고 의심 많은 세대에 살고 있다. 하지만 우리에게 성경의 예언된 바와 같은 성령의 기름 부으심과 사람들이 모이는 역사가 일어난다면, 그것은 하나님께서 친히 자신의 능력과 생명을 하늘로부터 드러내시기 때문이지 우리가 대단한 프로그램을 갖춰서가 아니다. 우리가 우아한 조건을 갖춰 놓았기 때문도 아닐 것이다. 주의 백성들 가운데 성령님의 생생한 회복이 있으려면, 하나님께서 친히 내려오사 자신의 능력을 이 땅에 증거하셔야 한다. 남종과 여종들이 주께 자신의 가장 깊은 곳을 내어드려야 하는 것이다.

우리의 기도는 이래야 한다.

"주 예수여, 그 일이 성취되게 해주십시오. 제 마음 가장 깊은 곳에 머무르십시오. 저를 변화시키사 주님이 오시는 것을 보는 이가 되게 하소서. 주님의 임재를 지고 가고자 하는 이가 되게 해주소서. 이제 진을 철수할 때라 말씀하시면, '내가 움직인다' 말씀하시면, 저는 움직일 준비를 하기 원합니다."

우리는 지금껏 갖고 있는 교리와 전통들을 내려놓을 의지가 있어야 한다. 가장 치명적인 전통들과 은사주의적인 것들조차 말이다! 평생을 살면서 모아온 온갖 물건들을 이사 갈 때 가지고 다녀봤는가? 소지품들을 정리하면서 어떤 건 남들에게 주고, 또 판 것들도 있을 것이다. 여러분의 짐들을 어떻게 처리했든지 간에, 처리를 하긴 했을 것이다. 그렇지 않으면, 이사 날이 필요 이상으로 길고 힘들었을 테니까 말이다.

이제 우리 영적인 것들을 팔 때가 왔다! 이사 가야 할 시간이다. 다락방이나 창고를 한번 정리해 보자. 지하실도 청소해 우리에게 필요치 않은 것이 무언지 찾아보자.

모든 인간의 의식과 전통에 속한 것은 폐기하자. 거짓된 것은 내버리고 진짜를 품자. 허울과 위선을 회개하며, 순결과 진정으로 하나님 앞에 나아가자. 하나님께서 우리 마음에 말씀하시고, 어디로 가야 할지 보여 주시도록 해야 한다.

흠 없는 그릇

'진실한sincere'라는 영단어의 어원은 라틴어로, '왁스가 없는'이라는 말이다. 우리가 누군가에게 다가가 "나는 진실하다"고 말을 한다면 실제로는 "내게는 왁스가 없다"는 뜻을 전하는 것이다. 그저 오늘 아침에 귀를 씻었다는 얘기가 아니다. 훨씬 더 심오한 의미다. 다음의 설명을 보라.

예전에 토기장이들이 토기를 만들던 때엔, 토기를 가마에 넣든지 아니면 양지에 건조시켰다. 많은 경우 토기는 금이 갔다. 토기장이의 솜씨가 좋다면, 그릇의 흠을 볼 때, 그것을 던져버린 뒤 다시 새 것을 만들 것이다. 하지만 그가 용의주도하지 못하다면, 금이 간 것을 보고 그것을 왁스로 메울 것이다. 얼핏 보기에는, 무슨 흠이 있는지 알아채지 못할 것이다. 사람들이 실제로 가져가 사용할 수도 있다. 하지만 오래 지나지 않아 왁스가 떨어져 나가고, 결코 좋은 토기가 아님을 깨닫기에 이를 것이다. 그런 조잡한 상술에 맞서기 위해, 가게들은 이러한 푯말을 붙이기 시작했다. "진실합니다—왁스가 없습니다." 다시 말해, 자기 토기의 품질을 보장하기 시작했다는 것이다.

하나님께서는 "왁스가 없어서" 불 가운데, 필요하다면 고난의 풀무 가운데 넣을 수 있는 백성을 찾고 계신다. 우리가 시련의 과정을 겪고 그 끝에 서게 될 때, 왁스 반죽은 불을 견디지 못하고 떨어져 나간 상태일 것이다. 우리 그릇에는 흠이 없어야 한다. 우리는 깨끗하고 순결해야 한다. 주인의 쓰시기에 합당하고, 모든 선한 일에 준비가 되어야 하는 것이다.

하나님의 단련 가운데 우리가 이스마엘(우리의 육체)을 우리 삶에서 떠나게 하지 않는다면, 하나님께서 원하시는 곳으로 나아가지 못하도록 우리를 붙잡을 것이다. 이스마엘은 우리 비전을 왜곡시키고, 혼란 속으로 인도할 것이다. 그러한 상태에서 우리는 결코 하나님께서 원하시는 바로 나아가지 못할 것이다.

자비가 풍성하신 하나님께서는 우리로 고난의 풀무를 통과하게 하신다. 우리가 우리 그릇에 흠이 있는 채로 삶을 살기를 원치 않으시기 때문에 이렇게 행하시는 것이다. 우리가 금 간

채로 평생을 살기 원치 않으신다. 우리를 치유하기 원하신다. 우리를 회복시키고자 하신다. 우리가 진정하고 참되어 하나님의 임재가 순전히 증거될 수 있기를 바라신다.

하나님께서 우리를 불에 통과하게 하시는 것은 부정한 것이 표면으로 드러나도록 하기 위함이다. 그러한 것들이 겉에 드러날 때, 우리의 반응은 이래야 한다. "주 예수여, 제가 회개합니다. 저를 다뤄주소서. 주 예수여, 제 안의 상처를 치유하소서. 주 예수여, 저를 변화시키사 회복되게 하소서." 금 간 그릇은 하나님의 임재를 담아낼 수 없다. 우리 안의 위선을 다뤄 주시기를 주께 구하라.

나는 너무나 많은 사람들이 삶의 문제에 대해 이야기하는 소리를 듣는다. "이것이 제 십자가입니다. 이것이 제 연약함입니다. 이것이 제 여생 동안 다뤄야 할 부분입니다." 이 말은 결코 맞지 않다. 우리 안에 깨어진 것이 무엇이든 간에, 주님께서 그것을 만지사 치유하실 수 있으며, 그렇게 행하기를 갈망하신다. 우리가 하나님의 것이라면, 우리는 하나님의 하시는 일을 따라가고자 해야 한다. 우리는 주인이 쓰시기에 합당한 그릇이 되어야 한다. 우리는 언약궤를 지고 가는 제사장이 되어야 한다. "주 예수여, 저를 고난의 풀무에 넣어 주시고, 어디에 왁스가 붙어 있는지 보여 주시옵소서. 어디에 위선이 있는지 알려 주시옵소서. 어디 금이 있는지 알게 하사 회복되고 변화될 수 있게 하여 주시옵소서."

우리가 하나님께서 우리 안에 행하고 계신 일을 이해하지 못한다면 두려울 것이다. 하나님께서 우리에게 무언가 보이실 때, 그리고 우리가 삶 속에서 연약한 부분을 볼 때, 주께서는 우리를 불 가운데 넣으시는 것이다. 우리는 너무나 쉽게 구석으로 들어가서 다시 그릇에 왁스를 칠하고자 하는 경향이 있다.

그럴 때 이렇게 묻는 이도 있을지 모른다. "어떻게 지내세요?"

그러면 이렇게 대답할 것이다. "할렐루야! 그냥 잘 지내요." 그리고선 속으로 이렇게 말한다. "내 그릇에 다시 왁스 칠을 했으니까, 난 견딜 만해. 할렐루야!"

그런데 얼마 후, 또 다른 일이 벌어진다. 왁스가 녹아버리고 다시 구석에 들어가 더 많은 왁스를 발라야 앞으로 나아갈 수 있게 되는 것이다. 하나님께서는 말씀하신다. **"너는 그렇게 할 필요가 없단다. 내게 나아오면 너를 변화시켜 주마. 그 흠을 영원히 없애 주마."** 우리는 내면으로부터 회복과 치유를 경험하고, 하나님의 분명한 임재를 지고 다니는 존재가 될 수 있다. 연약함과 죄악이 너무나 쉽게 우리를 둘러싸고 우리를 흠 구덩이 속으로 몰아가려 하지만, 우리는 거기에 맞설 수 있고 치유와 회복을 통해 그것들을 영원히 제해 버릴 수 있다.

우리에게 누군가를 가까이 접근하도록 하면, 그는 우리에게 흠이 생길 때마다 그것을 볼 것이다. 그는 언제 왁스가 녹아버리는지를 볼 수 있을 것이다. 그가 우리를 사랑하는 존재라면, 쉽사리 왁스로 흠을 메우도록 내버려 두지 않을 것이다. 치유되도록 할 것이다. 어떤 사람이 이렇게 말하는 것을 들은 적이 있다. "하나님께서는 제가 그냥 떠도는 이가 되도록 부르셨어요. 저는 전국을 돌면서 여기서 2년 저기서 2년을 보내는데, 어떤 사람이 제게 심하게 가까워지는 일이 있으면 주께서 바로 짐을 싸서 떠나라고 하셔요."

나는 대답했다. "음…… 주께서 저를 떠도는 이로 부르시지 않음이 감사하네요."

그 떠도는 자가 한 말은 이런 것이다. "언제든 누군가가 내 안의 흠을 보기 시작하면, 떠날 때가 된 것이죠. 누구라도 그것에 대해 알거나 그 문제를 다루지 않도록 말이죠." 그러한 사람은 결코 하나님께서 주시는 변화를 통해 자유를 알지 못할 것이다.

하나님께서는 우리 안에 자신의 임재가 거할 영적 거처를 짓고 계신다. 하나님께서 우리를 세상 어디로든 보내사 어떤 폭풍이나 시련이 우리에게 다가와도 이길 수 있도록 말이다. 상황이 어떠하든지, 주님의 임재는 우리를 통해 계속 흐를 것이다. 이러한 일이 일어나면, 우리는 주님의 성소 곧 그 충만함으로부터 사역할 수 있게 된다. 주께서는 우리가 쓰시기에 합당한 그릇이 되도록 무장시키사, 우리를 섬김의 자리로 보내고자 하신다. 하나님의 왕국을 짓는 데에는 시련과 폭풍이 따르게 마련이다. 선교 현장이나 목회를 위해 보내졌는데 금이 간 그릇은 하나님 나라를 짓는 데에 그다지 효과적이지 못할 것이다. 그래서 하나님께서 우리 가운데 역사하시며 말씀하시는 것이다. "내가 그 결점들을 치유해 주마. 내가 그 금 간 것을 수리해 네가 주인의 용도에 합당한 그릇이 될 수 있게 해 다오."

주께서는 완전한 구속을 부어 주신다. 과거에 우리에게 영향력을 미쳤던 것들이 더 이상 우리 여생에 입김을 불지 못하게 하시는 것이다. 예를 들어, 어떤 이들은 어렸을 때 폭행을 당해 학대로 인한 상처와 아픔이 평생 동안 지속된다. 예수께서는 십자가에서 고난을 당하시고 우리로 치유의 자리에 이르게 하셨다. 우리는 여러 사역의 영역에서 영향력을 미칠 수 있다. 허나 우리가 상처를 받았거나 학대를 받은 곳, 우리가 죄악에 빠졌거나 극히 연약했던 곳은 계속 우리의 연약한 부분으로 자라날 수 있다. 다시 한번 말하지만, 그리스도 안에서 우리는 아주 깊은 곳까지 길르앗 연고를 발라야 한다. 그렇게 해야 진정한 회개가 이뤄지고, 하나님의 치유가 우리를 통해 흘러 넘치게 되는 것이다.

이 구절을 기억하는가? "그 때가 오면, 사람들이 더 이상 '아버지가 신포도를 먹었기 때문에, 자식들의 이가 시게 되었다'는 말을 하지 않을 것이다. 오직 각자가 자기의 죄악 때문에 죽을 것이다. 신포도를 먹는 그 사람의 이만 실 것이다"(렘 31:29-30). 이것은 언약의 약속이다! 하나님께서는 우리가 부모의 죄악으로 고통받기를 원치 않으시며, 부모가 알코올 중독이었다는 이유로 우리도 같은 중독에 시달리기를 바라지 않으신다. 우리의 부모가 폭력적이었다는 것이 우리가 폭력 부모가 되리라는 것을 예고하지는 않는다.

우리 배경에 어떤 선생님이나 친척의 영향력으로 양보하지 못하는 비판적 마음이 있다 해도, 그들을 닮도록 하지는 못할 것이다. 그리스도 안에는 치유와 회개가 있기 때문이다. 우리가 하나님의 길을 가지 못할 때, 죄악은 우리 것이 된다. 우리는 자기 죄악을 인해 과거나 부모를 탓할 수 없다. 우리 스스로 책임을 져야 한다. 그렇게 할 때, 성경은 우리에게 용서와 치유를 약속한다. 우리가 온전함 가운데 행하며, 그릇에 흠이 없어 주님의 일을 장애 없이 감당할 수 있으리라는 것이다.

우리가 주께서 우리 안에 이 일을 행하시도록 하면, 압박이 가해져도 새지 않을 것이다. 우리는 주의 기름 부으심을 간직하며, 그 임재와 능력을 담아 둘 수 있을 것이다. 확신과 승리 속에 행하면서, 우리는 하나님과 사람 앞에 순결한 마음, 순결한 동기, 순결한 영으로 설 것이다.

그리 오래되지 않은 과거에, 어떤 이가 내게 상담을 요청해 왔다. 그와 대화를 해보니 그 안에 심히 찢어진 부분이 있음을 발견했다. 그의 자아를 갉아 먹고, 삶을 소모시키고 있었다. 나는 그에게 가족과 성장사, 또 그 외의 배경과 관련된 질문들을 했다. 그는 "제겐 5남매가 있어요. 그리고 남동생은 다섯 살에 죽었고요"라고 말했다.

나는 물었다. "그 동생은 왜 죽었지요?"

그는 서서히 이야기를 시작해, 자신이 열두 살이었을 때 있었던 비극적 사건을 들려 주었다. 어머니께서 그에게 집에서 두 블록 떨어진 곳에 장을 보러 갔다 오라고 하셨다는 것이다 (그들은 도심가에 살고 있었다). 그는 다섯 살짜리 동생을 함께 데려가기로 했다.

동생과 함께 가게에 가는 길에, 어떤 친구와의 대화에 정신이 팔려 버렸다. 그의 눈앞에서, 꼬마 남동생은 길 건너로 돌

진했다. 동시에 한 차가 속력을 줄였고, 그는 다섯 살짜리 꼬마가 차에 치이는 모습을 무력하게 바라보았다. 그 사고로 남동생은 즉사했다.

이 사람은 지난 20년간 자신이 지고 다닌 고통을 털어놓으며 흐느꼈다. 그는 그토록 무거운 죄책감을 지고 살아온 것이다. 그는 성령 충만하고, 거듭난 그리스도인이었으나 엄청난 고통 속에 있었다. 상처 속에 죄책감과 씨름하고 있었다. 그는 "남동생이 죽은 이래로 지난 20년간, 저희 집에서는 웃음 소리 한 번 들리지 않았어요. 집안이 평화로운 적이 없었지요. 그저 죄책감, 고뇌, 분노와 갈등뿐이었죠"라고 말했다. 이 덩치 좋고 늠름한 남자는 완전히 무너져 통곡했다.

"나의 백성, 나의 딸이, 채찍을 맞아 상하였기 때문에, 내 마음도 상처를 입는구나. 슬픔과 공포가 나를 사로잡는구나"(렘 8:21). 그렇다. 하나님의 백성은 깨어지고 다쳤다. 우리는 세상에서 나아오고, 어둠으로부터 나아오지만 우리의 모습은 이 세상의 것들에 두들겨 맞고 던져지며, 긁히고 멍든 상태다. 하나님께서는 우리가 완벽한 상태로 나아오기를 기대하지 않으신다. 그래서 성경은 예수께서 우리의 허물 때문에 멍드셨고, 우리의 화평을 위해 징계를 받으셨다고 기록한다 (사 53:5).

내가 사역을 시작하려 하자, 그는 망설였다. 심호흡을 하더니 고통을 다시 밀어 내린 그는, 내가 그것을 다시 꺼내도록 허락하지 않았다. 그가 주께서 예비하신 것을 받을 준비만 되었다면! 성경은 기록한다. "그 때에 눈먼 사람의 눈이 밝아지고, 귀먹은 사람의 귀가 열릴 것이다. 그 때에 다리를 절던 사람이 사슴처럼 뛰고, 말을 못 하던 혀가 노래를 부를 것이다. 광야에서 물이 솟겠고, 사막에 시냇물이 흐를 것이다. 뜨겁게 타오르던 땅은 연못이 되고, 메마른 땅은 물이 쏟아져 나오는 샘이 될 것이다. 승냥이 떼가 뒹굴며 살던 곳에는, 풀 대신에 갈대와 왕골이 날 것이다"(사 35:5-7).

뜨겁게 타오르는 땅 같은 경험을 해본 적이 있는가? 나는 상처를 안다. 나는 내가 겪은 고통을 알고, 하나님께서 내가 마주해 다루기를 바라시는 것들을 안다. 나는 고등학교 때 겪었던 힘든 일을 기억한다. 내가 불에 탄 적이 있다면, 아주 심하게 타버린 그 때다. 학교의 여러 무리들이 어느 날 내게 말을 시키고는 그 다음날 나를 비웃곤 했다. 나는 어떤 친구들이 다가와 말을 시켰는데, 자기 친구들이 다가오자마자 등을 돌리곤 나를 무시하는 게 어떤 아픔인지 안다. 자기 친구들 앞에서, 그들은 나와 상종하려 들지 않고 나를 아는 척조차 하지 않았다.

나는 이 거짓된 모습 때문에 학교를 마치기를 얼마나 바랐는지 모른다. 오늘날까지도 주께서 나를 가장 많이 다루시는 부분이 다른 이들을 신뢰하는 것이다. 다른 이들이 나를 노리고만 있다는 것을 부인하기가 어렵다. 어떤 면에서, 내가 예상한 것은 오늘 사람들이 나와 함께 있지만 내일은 내 등을 찌르리라는 것이다! 그러나 이러한 연약함에도 불구하고 나는 하나님의 오늘 역사의 최첨단에 서려면 그분께 나를 다루시도록 해드려야 함을 깨닫는다. 그것이 내가 가장 두려워하는 일이 내게 닥치리라는 뜻일지라도 말이다. 만약 항상 누군가 나타나 나를 배신할 거라는 생각에 사로잡혀 있다면, 나는 효과적인 사역을 할 수 없다.

우리가 하나님께서 원하시는 길을 가려면, 이러한 과거의 일들이 드러나야 한다. 치유를 받아야 한다. 우리는 회복을 누려야 한다. 우리는 모든 영역에서 예수의 보혈로 씻김받아야 한다. "하나님께서 나를 다른 길로 인도하고 계셔"라고 말하가는 쉽다. 하지만 머지않아 어딜 가든지 문제들이 표면 위로 떠오르는 것을 발견하고 말 것이다. 자신이 '떠다니도록' 부르심받았다는 형제처럼, 우리도 내면으로부터의 변화를 하나님께 맡기지 않고 있는 것이다.

예레미야는 눈을 들어 하나님의 백성을 보았다. 하나님께서는 예레미야에게 긍휼어린 마음을 주신 것 같다. 그가 말했다. "나의 백성, 나의 딸이, 채찍을 맞아 상하였기 때문에, 내 마음도 상처를 입는구나"(렘 8:21). 그리고는 말했다. "길르앗에는 유향이 떨어졌느냐? 그 곳에는 의사가 하나도 없느냐?"(렘 8:22) 예레미야는 상태를 보더니, 주를 향해 고개를 들고 물었습니다. "의사가 없습니까? 여기에 치유법이 없습니까?"

주께서 답하셨다. "있다. 있지. 있노라. 회복의 방법이 있다. 그릇들이 복구되고, 왁스 없이 고쳐질 수 있는 방법이 있다."

우리가 하나님과 동행하려면, 변화를 겪어야만 한다. 하나님께서는 우리가 하나님의 형상과 같이 되어 자신의 기름 부으심, 임재, 그리고 능력을 어딜 가든 나타내기를 원하신다. 우리는 서로 가까이 지내며, 목사님과 가까이 지내며 말씀을 가까이하고, 또 배우자와 자녀와도 가까이 있어야 한다. 하나님께서 우리를 다루시도록 해야 한다. 하나님께로부터 달려 나와선 안 된다.

우리는 방해가 될 어떠한 태도나 교리, 전통도 쥐지 말고 손을 든 채 하나님께 나아가야, 주님과 동행할 수 있다. 또한 우리가 가치 있게 여기는 모든 생각을 복종시켜야만 한다. 우리의 기도는 이렇게 되어야 한다. "주님, 제 안에 무엇이든 주께서 바꾸고자 하신다면 바꾸소서. 저로 유순하게 하소서. 제가 새롭고 신선한 가죽 부대가 되게 하소서. 유연해 변화에 민

감한 자가 되게 바꿔 주소서."

그러면 우리가 하나님께 나아가 변화가 필요한 것들을 보여 주실 때, 우리 안의 상처를 다루고자 하실 때, 그렇게 해드려야 한다. 치유하시도록 내어 드려야 한다. 변화시키시도록 해 드려야 한다. 우리를 그렇게 사랑해 주시도록 해야 한다. 이러한 일이 일어나면, 하나님께서는 역사하실 준비를 하실 것이고, 우리는 "할렐루야"를 외치며 바로 가방을 싸서 그분을 따를 것이다. 우리는 이 땅에서 외인이요 나그네다. 이 세상의 어떤 것도 우리 것이 아니다. 우리가 이 땅에서 소유를 주장할 수 있는 것은 없다.

우리의 태도는 다음과 같아야 한다.

"이 세상에는 어떤 것도 저를 꾀거나 억누를 것이 없습니다. 어떤 것도 제 주의를 주께로부터 떠나게 할 것이 없습니다. 제가 넘을 수 없는 산처럼 보이는 일이라도 저는 주님만을 향할 것입니다. 저는 움직여 변화하고, 또 주께서 저를 내면으로부터 변화시키시도록 내어드릴 의지와 능력이 있습니다." 예수께서는 이러한 기도를 높이실 것이다. 우리를 하나님의 분명한 임재로 충만케 하사, 솔로몬의 성전을 그분의 영광으로 채우셨던 만큼 빛나게 하실 것이다.

8
하나님의 목표
마음의 회복

표현의 자유

  어떤 모임이든지 한두 사람이라도 진행되는 바를 이해하지 못하고 진행 방식에 화를 낼까 염려해, 일의 처리 방식에 대해 사과를 하려는 경향이 있다.

  주님 앞에서 자유로이 흘러나오는 예배의 표현을 통제하거나 제한하려는 경향이 있다는 것이다. 그러한 이들은 이러한 자유를 감정주의 혹은 극단주의라 이름 붙이며, 주께서 원하시는 진실되고 친밀한 사랑의 흐름을 막아 선다. 또한 내면으로부터 영광스럽게 흘러 넘칠 사랑 표현의 필요를 앗아간다.

하지만 자녀를 가진 이래로, 나는 이 문제에 대해 새로운 이해를 갖게 되었다. 나에게는 아들이 다섯 명 있다. 나이는 11세, 9세, 7세, 5세 그리고 2개월이다. 매일매일 내게 가장 흥분되는 순간 중 하나는 일을 마치고 귀가할 때다. 네 명의 다른 아들들이 문을 열고 달려 나와 손을 흔들며 차로 뛰어든다. "아빠 오셨네요! 아빠 오셨어요!" 그렇게 소리친다. 아이들은 내게 뛰어 매달리고, 아낌없이 포옹과 입맞춤을 쏟아 붓는다. 당연히 나는 그 순간을 너무나 좋아한다.

하물며 우리 하늘 아버지께서 하나님의 임재에 기쁨으로 반응하는 우리 모습에 얼마나 기뻐하실까! 주님 앞에 서서 기뻐하는 모습을 보실 때 얼마나 영광 받으실까! 성경은 우리에게 이르기를, 하나님을 "아바" 곧 아빠라고 부르라 한다 (롬 8:15).

이제 우리 가운데, 새 언약 아래 있어 어린 양의 피로 씻김 받은 이들은 주님의 임재 안에 기쁨과 흥분, 그리고 기대감으로 확실히 나아갈 수 있다!

주께서는 우리가 당신을 얼마나 사랑하는지를 보이는 것을 기뻐하신다. 주께서는 당신의 임재에 우리가 감사함으로 들어가며, 찬양으로 그의 궁정에 들어가길 원하신다.

목이 곧은 기성 세대 정통파는 예배 가운데 엄숙하라고 가르친다. 내가 집에서 돌아왔는데 아이들이 문 앞에 서서 악수를 청하며 "아버지, 좋은 저녁입니다. 집에 모시게 되어 참 기쁩니다"라고 말한다면 어떨까 생각해 본다. 끔찍할 것이다.

그와 같이, 내가 일을 마치고 집에 돌아왔는데, 아이들이 기쁨으로 나를 맞으며 "아빠 오셨다! 아빠 오셨어요! 아빠가 집에 오셨어요!"라고 외치는데 내가 이렇게 반응한다면 끔찍할 것이다. "너무 감정적으로 그러지 말아라! 어디 감히 감정을 드러내 보이니?" 다른 건 몰라도 최소한 아이들은 기가 꺾여 열정과 환희를 발휘하지 못하게 될 것이다.

사랑하는 사람에게 감정을 표현하는 데에 잘못된 것은 없다. 내가 아내에게 감정 표현을 전혀 안 한다면, 정말이지 무딘 결혼 생활이 될 것이다.

우리는 끊임없이 정통적 강퍅함을 떨어내고 기쁨과 흥분으로 하나님의 임재 속에 들어가야 할 것이다. 또한 내가 아들들이 내게 뛰어올 때 흥분하는 것과 똑같이, 주께서 우리를 사랑하심과 우리가 그분께 달려갈 때 흥분하심을 알아야만 한다.

우리는 어디로 가는지 알아야 한다

성경은 기록한다. "계시가 없으면 백성은 방자해지나, 율법을 지키는 사람은 복을 받는다"(잠 29:18). 우리가 휴가를 떠날 때, 그저 차에 짐을 싣고 떠나가는 것이 아니다. 목적지를 심중에 두어야 한다. **어디로 가는지**를 알아야 하는 것이다. 이 시간, 교회는 **어디로 가는지**를 알아야만 한다. 무엇이 세워지고 있는지를 알아야 한다. 교회는 하나님의 갈망을 성취시켜 드리기 위해, 무엇이 하나님의 마음 가운데 있는지를 알아야 한다.

신명기에 묘사된 하나님의 거룩한 소원이 무엇인지 더 자세히 들여다 보자. 기억해야 할 것은, 구약이 신약에 포함되어 있으며, 신약도 구약에 포함된다는 사실이다. 구약성경에는 매우 필수적이고 아름다운 원칙이 있다.

신명기 6장을 보면, 신약의 말씀 일부가 드러난다. 20절을 보면, 모세가 백성들에게 선포하며 자녀들에게 어떻게 대답해야 하는지를 가르치고 있다. 자녀들이 부모에게 출애굽과 관련된 일들에 대해서 물어볼 때 이렇게 말씀하고 있다.

"나중에 너희의 자녀가, 주 너희의 하나님이 너희에게 명하신 훈령과 규례와 법도가 무엇이냐고 너희에게 묻거든, 너희는 자녀에게 이렇게 일러 주어라. '옛적에 우리는 이집트에서 바로의 노예로 있었으나, 주께서 강한 손으로 우리를 이집트에서 이끌어 내셨다. 그 때에 주께서는 우리가 보는 데서, 놀라운 기적과 기이한 일로 이집트의 바로와 그의 온 집안을 치셨다. 주께서는, 우리를 거기에서 이끌어 내시고, 우리의 조상에게 맹세하신 대로, 이 땅으로 우리를 데려오시고, 이 땅을 우리에게 주셨다'"(신 6:20-23).

이 구절에는 우리가 품어야 할 약속이 있다. 예수께서는 우리를 광야에 남겨 두시려 구원하신 게 아니다. 우리를 절반만 변화시키려 십자가에서 그 큰 고통 속에 죽으신 것이 아니다. 예수께서는 우리를 황량하게 버려 두시려고 구원하시지 않았다. 혼란 속에 두시려 하지 않았다. 치유받지 못하고, 마음에 상처를 가진 채, 영과 혼이 깨어진 채로 두시려 구원하신 것이 아니다.

하나님께서 마음에 확정하신 바

하나님의 마음에는 확정된 것이 있다. 우리를 어둠의 왕국에서 구원하신 것은 영적 중간 단계에 버려 두시려 하심이 아니다. 하나님의 아들의 왕국에 우리를 두시려고 어둠의 왕국에서 건져내신 것이다. 모든 그리스도인들은 그것이 이 마지막 때 하나님의 갈망하시는 바요, 목적이며 의도임을 알아야 한다. 광야에 거하는 것이 아니라, 이집트를 나와 성령을 통해 예수로 말미암아 하나님의 왕국에 온전히 심겨 뿌리내리는 것이다. 그곳에서 우리는 하나님의 분명한 임재를 체험하게 될 것이다.

하나님의 마음에는, 끝을 내지 않을 것은 시작조차 허락하지 않으리라는 결단이 있으시다. 하나님께서 무언가 일어나리라고 확정하시면, 일어나고 만다. 주께서는 우리를 들이시기 위해 데리고 나오셨다. 어둠의 나라에서 데리고 나오사 빛의 왕국으로 옮겨 주신 것이다. 하나님께서는 계속 모세를 권고하시고 이스라엘 백성들을 반복적으로 다뤄 주셨다. 지치지 말고, 해이해지지 말고 포기하지 말며, 낙심하지 말고, 불신 속에 불평하지 말라고 말이다. 실상, 주께서는 그들에게 권고하셨다. "투덜대지 마라. 불평하지 마라. 포기하지 마라. 타협하지 마라. 약속의 땅보다 못한 것에 만족하지 마라."

하나님께서는 오늘날에도 같은 방식으로 말씀하신다. "**자족하지 마라.** 포기하지 마라." 우리에게 이러한 권고를 하시는 것은, 하나님의 의도가 우리를 어둠의 왕국으로부터 사랑하시는 아들의 나라로 옮기시는 것이기 때문이다. 거기서 친밀함이 시작되고, 그곳의 목표는 통치, 곧 그분과 함께 다스리는 것이다. 주 예수께서 우리의 육적인 삶에 분명히 드러나시는 것이다.

또한 신명기에 보면, 주님께서 심장으로부터 외치시는 소리가 무엇인지 조금이나마 알 수 있다. "너희는 주 너희 하나님의 거룩한 백성이요, 주 너희의 하나님이, 땅 위의 많은 백성 가운데서 선택하셔서, 당신의 보배로 삼으신 백성이기 때문이다"(신 7:6). 이 구절을 다르게 해석해 보면 다음과 같다. "너희는 주 너희 하나님께 거룩한 백성이며, 주 너희 하나님께서 너희를 당신의 특별한 보물로 지면의 모든 족속 가운데 구별해 택하셨기 때문이다."

하나님의 목적이 결코 변치 않음을 알면 얼마나 흥분이 되는지 모른다. 하나님의 백성은 여전히 그의 특별한 보물이다. 내 마음을 움직이는 큰 부담 중 하나는 내 삶을 향한, 주 예수의 뜻을 모두 이루는 것이다. 주께서 우리 삶을 향해 계획하신 모든 것을 이루고자 하는 것보다 주께 기쁨이 되는 일이 또 있을 수 있을까? 그분께서 원하시는 그대로 되고자 하는 것보다 말이다.

우리 각자가 하나님께서 원하시는 바대로 변하고자 하지 않는다면, 그것은 꽤나 극단적인 반역일 것이다. 좋은 소식은 우리가 주께서 원하시는 그대로 **될 수 있으며**, 주께서 우리 안에 그러한 일들을 행하고자 원하신다는 것이다. 성경은 기록한다. "무서워하지 말아라. 적은 무리들아, 너희 아버지께서 그 나라를 너희에게 주시기를 기뻐하신다"(눅 12:32). 또한 아버지께서는 우리를 하나님의 사랑하시는 아들의 왕국에 심기를 매우 기뻐하신다. 하나님의 목적은 우리가 평생을 들여 하늘을 날아야 할 만큼 신비적인 일이 아니다. 우리를 향한 주님의 목적은 실재적인 것이고 일상적인 것으로 촉지할 만한 것이다. 우리를 하나님의 나라로 인도하고자 하심이 그분의 의도요 기쁨이다. 하나님의 의도와 기쁨은 우리 모두를 그렇게 인도하시는 것이다.

예수의 예루살렘 입성 이야기(요 12:12)는 많은 의미를 갖고 있다. 바리새인들은 너무나 많은 이들이 주를 찬양하고 있었기에 약간 흥분한 상태였다. 그들은 예수께 나아가 여쭈었다. "여보시오, 이 사람들에게 좀 진정하라고 말해 줄 수 있겠소? 그냥 조용히 좀 하라고 말해 보시오." 예수께서는 그들을 바라보시며 대답하셨다. "이들이 조용히 하면, 돌들이 직접 외칠 것이오." 그 마음의 확정된 바를 보겠는가? 하나님께서는 그 시각에 그들을 소유할 **의지**가 있으셨다. 하나님의 마음에 있는 모든 것들을 행할 백성을 소유할 **의지**가 있으시다. 하나님을 예배하고 찬양하기 위해 존재하는 백성을 소유할 **의지**가 있으시다. 우리의 선택은 그 백성에 속할 것인가 말 것인가다. 그 백성은 주님의 임재 안에 거할 것이다.

회복의 중심은 마음의 회복

모세가 십계명을 받았을 때, 하나님께서 그것을 돌판에 새기신 것은 우연이 아니었다. 왜 밀랍판을 쓰지 아니하셨을까?

왜 찰흙판을 쓰지 아니하셨을까? 왜 돌을 고르셨을까? 하나님께서 사람의 마음을 돌과 같이 보셨기 때문일 수 있다. 거듭나지 않은 마음은 돌로 되어 있다.

세례 요한은 마태복음 3장 9절에서 이렇게 말했다. "너희가 아브라함의 가계에서 태어났다는 이유로 그의 자손이라고 생각하지 말라. 내가 이르노니, 하나님께서는 이 돌들을 일으켜 아브라함의 자손이 되게 하실 수 있다"(작가의 해석).

예수께서 실제로는 돌들이 아니라 이방인들을 보고 계셨을 수도 있다. 거듭나지 못한 마음은 돌과 같다. 성경은 하나님께서 직접 자신의 손가락으로 돌판에 십계명을 새기셨다고 말씀한다. 또한 성경은 하나님의 갈망이 그 법을 살 같은 마음에 새기시는 것이라고 선포한다(렘 31:33). 보라. 하나님께서는 우리가 하나님을 갈망함으로 섬기길 원하시지, 의무감으로 섬기길 원치 않으신다. 그분의 진정한 백성은 원함으로 말미암아 주를 섬길 것이다. 지옥 불이 두려워서라거나 어떠한 법과 규례를 억지로 복종해야 함이 아니라는 말이다. 주님의 백성은 자원해 순종할 것이다. 예수께서 그러셨듯 자원함으로 목숨까지도 내려놓을 것이다 (요 10:17-18).

주님의 영이 우리에게 임하사 마음을 녹이시면 돌과 같던 마음과 영혼이 살과 같이 변한다. 하나님께서 계명을 돌판에 쓰셨던 것과 똑같이, 이제 주께서는 남종과 여종들의 마음 판에 주님의 법을 새기실 것이다. 이렇게 함으로써 그들이 억지가 아닌, 자원하는 심령으로 주를 섬기게 되는 것이다.

하나님의 왕국은 외관을 통해 임하지 않는다. 우리가 외면적으로 얼마나 멋지고 능력 있고, 거룩하며 의롭게 보이는지는 문제가 되지 않는다. 하나님께서는 마음을 보신다. 주님의 갈망은 내면에 한 마음을 가진 백성을 지으시는 것이다. 외면이 어떻게 보이든지 무관하게 말이다. 하나님의 마음이 구조와 사역, 예배를 회복시키시는 것이라고 하는 회복 운동의 정점은 곧 마음의 회복이다. **회복의 중심은 마음의 회복이다.** 우리 마음이 진정 극적으로 주 예수를 향해 회복되지 않았다면, 다른 모든 회복은 무의미해진다. 우리 마음은 이렇게 외칠 수 있을 때까지 회복되어야 한다. "오 하나님, 제가 주님의 뜻을 행하려 왔습니다." 그렇지 않으면 우리는 회복되지 못한 것이다.

"제사나 예물도, 주께서는 원하지 않으시고 번제나 속죄제도 요구하지 않으십니다. 주께서는 오히려 내 두 귀를 열어 주셨으니, 이제야 나는 대답하였습니다. '내가 여기 있습니다. 나에게 주신 주의 교훈이 율법책에 있습니다'"(시 40:6-7).

얼마나 대단한 계시인가! 주께서는 육적인 인간이 하는 일이나 우리의 땀, 혹은 우리의 방식으로 주를 기쁘게 해드리려는 어떠한 것도 원치 않으신다. 우리 마음을 원하시는 것이다.

성경은 다시 선포한다. "시온의 공의가 빛처럼 드러나고, 예루살렘의 구원이 횃불처럼 나타날 때까지, 시온을 격려해야 하므로, 내가 잠잠하지 않겠고, 예루살렘이 구원받기까지 내가 쉬지 않겠다"(사 62:1). 이사야는 교회 전체가 그 사명에 이르는 것을 보기까지 쉴 수 없었다. 그는 끝까지 그것을 예언했지만, 오직 성령으로만 그것을 보았다.

하나님께서는 우리를 내면으로부터 치유하기를 원하신다. 우리가 열등감과 두려움을 가지고 어슬렁대기를 원치 않으신다. 우리가 과거로부터의 부정적인 기억들을 가지고 살아가는 것을 주께서는 바라지 않으신다. 우리가 평생 지고 온 짐을 지고 계속 가기를 바라지 않으신다. 사람의 마음은 치유받을 수 있다. 하나님의 보좌로부터 흘러 넘쳐 하나님의 사람들을 온전케 하는 치유가 있다. 이것이 복음이다! 하나님께서는 이 치유의 과정을 받아들이고 또 다른 이들에게 전수해 줄 백성을 찾고 계신다.

최근에 나는 리오나드 레이븐힐Lenoard Ravenhill이 "화는 내되 죄 짓지 말라"는 제목으로 쓴 글을 읽었다. 거기엔 내가 화를 낼 만한 상황들에 대한 좋은 얘기들이 있었다. 이 진리를 본 후 나는 어떤 일이 일어날 때, 화를 낸 후에 아무것도 아님을 알 수 있다는 사실을 깨달았다. 예를 들어, 나는 밀교 추종자들이 온갖 술수로 세상에 침투해 개종자들을 늘려 가고, 그들을 지옥으로 이끌어가는 걸 보면 화가 난다.

대적은 오늘날의 대중 음악을 통해 같은 일을 행하고 있다. 밀교의 능력과 대적의 능력은 요즘 세대의 음악을 통해 방출되고 있다. 많은 음악인들이 사탄의 능력을 알며, 그것에 의존하고 있다. 그들은 지옥의 능력을 받기를 두려워하지 않는다. 그들은 사탄의 힘으로 다른 이들의 생명을 멸하기를 두려워하지 않는다. 자신들이 원하는 것만 취할 수 있다면 말이다.

하나님의 백성들은 때로 심히 유약한 모습을 보인다. 하나님께서 하실 수 있는 일과 하실 수 없는 일을 놓고 싸운다. 그런 걸 보며 이런 생각을 한다. "하나님, 주님의 백성은 어디 있습니까? 틈 사이에 서서 마귀의 능력 앞에 하나님의 능력을 선포할 주님의 백성은 어디 있습니까? 우리 하나님께서 지옥의 능력보다 위대하시다고 선포할 이들이 어디 있나요?" 어둠의 세력에 맞서 연합하기보다 우리는 성령 세례를 받아야 하는가에 대해 논쟁하고 있다. 음탕의 세례가 온 세상을 구덩이로 몰아가고 있는데 말이다.

능력의 날

하나님께서는 이것이 능력의 날이 되기를 원하신다. 집중적으로 성령을 부으시는 날이다. 천상에서 전쟁이 벌어진다는 것이다! 바울은 말한다. "싸움에서 쓰는 우리의 무기는, 육체의 무기가 아니라, 견고한 요새라도 무너뜨리는 하나님의 강한 무기입니다"(고후 10:4). 우리가 하나님의 말씀 가운데 연약해져 영향력을 전혀 미치지 못한다면, 어떤 요새를 파할 수 있을까? 하나님께서 우리를 위해 행하신 일에 능력이 있음을 깨닫지 못할 때, 우리가 무슨 요새를 무너뜨리며, 어떤 왕국을 하나님의 왕국으로 변화시킬 수 있을까? **우리가 할 수 있는 것은 아무것도 없다.** 우리는 각종 교리의 바람에 이끌려 여기서기 뒹겨 나가고, 우리 마음의 육욕 때문에 헛된 길로 인도된다. 우리는 사람들로 하여금 우리를 넘어뜨리고 무너뜨려, 연약함 가운데 남아 있게 할 말씀들을 던지게 한다.

하나님께서는 그 모든 것으로부터 우리를 부르고 계신다. 하나님께서는 능력이 임해, 하나님을 부를 수 있는 이들에게 힘과 구원을 공급하리라고 말씀하신다. 또 오직 그렇게 행할 이들에게만이라고 말씀하신다. 이 사람들은 "하나님께서 이렇게 못 하시지!" 라거나 "하나님께서 저런 일을 어떻게 하셔?"라는 말로 하나님을 제한하지 않는다.

우리가 하나님을 **중화시키고**, 그분을 별 의미 없는 일요일 아침의 조용한 멜로디로 전락시켜 버린다면, 우리는 이 세상의 세력과 능력을 싸워 내거나 어떠한 진보를 이뤄 낼 재간이 없다. 우리에게는 하나님의 능력이 삶 속 깊이 박혀 있어, 악한 날에 설 수 있어야 한다. 곧 다가올 그 날에는, 우리가 여기저기 튕겨 다니거나 온갖 교리의 바람으로 깨어지지 않도록 하나님의 능력이 우리를 지켜야 한다.

어떤 사람이 우리의 접근 방식에 동의하지 않아 성경 말씀을 우리에게 던지며 "하지만 형제님, 그렇게 하시면 안 되죠"라고 말할 때, 기억하라. 사람들이 우리 앞에 거치는 돌을 두어 우리가 하나님께서 예비해 두신 것을 놓치게 된다면, 그들은 범죄하는 것이다.

"예수께서 제자들에게 말씀하셨다. '죄짓게 하는 일이 없을 수는 없다. 그러나 죄짓게 하는 사람에게는 화가 있다. 이 작은 사람들 가운데 하나를 죄짓게 하는 것보다, 차라리 자기 목에 연자맷돌을 매달고 바다에 빠지는 것이 나을 것이다"(눅 17:1-2).

하나님께 자신을 내어드려 그분께서 하늘을 가르고 임하시도록 하라! 우리의 내면으로부터 변화를 이루시도록 내어드리면, 너무나 강력하게 이미 하나님으로부터 임한 능력을 받아들일 수 있을 것이다. 그러면 하나님의 분명한 임재 안에, 당당하면서도 겸손하게 행하게 될 것이다.

나는 주어진 시간의 9할을 천상의 구름 속에서 보내는 신비주의자가 아니다. 나는 이 세상 속에서 살며 일한다. 하지만 내가 말할 수 있는 것이 있다. "우리는 하나님 안에서 살고 움직이고 존재하고 있습니다"(행 17:28). 바로 지금, 다른 무엇보다도 우리는 하나님 **안에** 있고, 그 안에서 행하며 모든 존재를 그 안에 두는 이들이 되어야 한다.

"우리의 싸움은 피와 살을 가진 사람들을 상대로 하는 것이 아니라, 통치자와 권세자들과 이 어두운 세계의 지배자들과 하늘에 있는 악한 영들을 상대로 하는 것입니다. 그러므로 여러분은 악한 날에 능히 대항할 수 있고 모든 일을 한 뒤에 서 있을 수 있도록, 하나님께서 주시는 장비로 완전무장을 하십시오"(엡 6:12-13).

값싼 은혜

"그는 실로 우리가 받아야 할 고통을 대신 받고, 우리가 겪어야 할 슬픔을 대신 겪었다. 그러나 우리는, 그가 징벌을 받아서 하나님에게 맞으며, 고난을 받는다고 생각하였다. 그러나 그가 찔린 것은 우리의 허물 때문이고, 그가 상처를 받은 것은 우리의 악함 때문이다. 그가 징계를 받음으로써 우리가 평화를 누리고, 그가 매를 맞음으로써 우리의 병이 나았다"(사 53:4-5).

하나님의 구원이 무엇인가? 주께서는 우리의 몸과 혼과 영을 구원하셨다. 우리를 온전케, 곧 우리 영·혼·육을 온전케 하시려 죽으셨다.

"그러나 그가 찔린 것은 우리의 허물 때문이고, 그가 상처를 받은 것은 우리의 악함 때문이다"는 말씀은 우리의 영에 대한 부분이다. "그가 징계를 받음으로써 우리가 평화를 누리고"라는 말씀은 우리의 혼 혹은 감정적 부분에 대한 성취다. "그가 매를 맞음으로써 우리의 병이 나았다"는 구절은 우리 몸에 대한 말씀이다. 이 한 구절에 구속 사역 전부가 간결하게 표현되어 있다.

예수께서는 십자가에서 우리 영·혼·육의 치유를 위해 필요한 모든 것을 베풀어 주셨다. 주께서는 우리가 온전하기를 원하시고, 우리가 무장되기를 원하신다. 우리는 아직까지 치유받지 못한 15가지 이유를 대는 교회가 되어선 안 된다. 오히려 왜 치유되어야 하는지 15가지 이유를 댈 수 있어야 한다. 또한 우리의 부족에 대한 핑계를 늘어놓아선 안 된다. 오히려 능력을 받아 부족이 없도록 하고, 생명을 다른 이들에게 전할 수 있어야 한다.

우리는 모험적인 때에 살고 있으며, 하나님께서는 우리 마음의 가장 깊은 부분까지 내려오사 치유를 시작하시고 우리를 온전케 하고자 하신다. 그래서 우리가 하나님의 능력 있는 임재 가운데 그분의 뜻을 행할 수 있도록 말이다.

몇 년 전 우리 꼬마 아들 도널드가 과자를 굽는 엄마와 함께 부엌에 있었다. 엄마는 과자 한 판을 오븐에서 꺼내어, 스토브 위에 올려 놓으며 말했다. "자, 사랑하는 도널드, 만지지 말거라. 뜨거운 거야." 엄마는 부엌을 떠났다. 그 초콜릿 칩 과자의 유혹이 아이에겐 너무나 강력했나보다. 이내 손을 뻗어 하나를 집으려 하던 아이는 팔을 살짝 데었다. 그 사고 이후 한 달 동안, 과자 굽는 판을 볼 때마다 도널드는 팔을 손으로 가리곤 했다.

이러한 반응이 우리가 영계(靈界)에서 겪는 것과 다름 없다. 우리는 감정에 흉터를 갖고 있어, 예수께서 우리를 치유하지 않으신다면, 우리 삶 전체가 그 흉터에 계속적인 영향을 받게 될 것이다. 우리가 겪는 모든 두려움, 장해, 혼란은 주 예수께서 만져 주시지 않으면 계속 머물게 마련이다. 우리 마음속 아주 아주 깊은 내면에는 아무도 본 적이 없는 부분이 있다. 그것은 마치 상자와 같다. 우리 자신과 하나님 외에는 아무도 그 상자 안을 본 적이 없다. 남들이 보기 원치 않는 모든 것들을 담아 두는 작은 상자인 것이다.

상담을 할 때, 많은 이들이 계속 상처 가운데 있기로 결정하는 걸 보면 매우 안타깝다. 그들은 십자가에 치유가 있음을 알지 못하는 것 같다. 예수께서 값으로 사신 구원의 일부가 내면의 치유이며, 마음의 고통으로부터의 치유임을 알지 못하는 듯하다. 주께서는 우리를 치유하사 섬기는 자리로 보내고자 하신다. 하나님께서 행하시는 일의 가장 중심 되는 것이 우리 마음을 주께로 향하도록 회복시키시는 것이다.

"그러므로 내가 그들의 아내들을 다른 남자들에게 넘겨 주고, 그들의 밭도 다른 사람들에게 주어 차지하게 하겠다. 힘 있는 자든 힘 없는 자든, 모두가 자기 잇속만을 채우며, 사기를 쳐서 재산을 모았다. 예언자와 제사장까지도 모두 한결같이 백성을 속였다"(렘 8:10).

이 말씀은 정욕적 사역에 관한 선포다. 제사장들은 사람들이 교회에 머물러 있을 만큼만 적당히 치유하지만, 온전함을 입지는 못한다. 주께서는 그들에 반해 선포하신다.

"백성이 상처를 입어 앓고 있을 때에, 그들은 '괜찮다! 괜찮다!' 하고 말하지만, 괜찮기는 어디가 괜찮으냐?"(렘 8:11).

나는 가톨릭 집안에서 태어나고 자랐다. 하나님께서는 어느 날 내 눈을 열어 고해성사 이상의 무언가가 있음을 알게 하셨다. 한번은 내가 내 죄를 고해하기 위해 갔는데, 신부님이 이렇게 말했다. "그것들은 죄가 아니야. 걱정하지 말거라." 나는 그곳을 걸어오며 혼잣말을 했다. "저 사람이 사제일진대, 내가 스스로 괜찮지 않음을 아는데 나보고 괜찮다는 말을 하다니!" 그때부터 나는 스스로 하나님의 실재에 대해 탐구하기 시작했다.

"말세에 어려운 때가 올 것입니다"(딤후 3:1).

성경은 또한 '경건의 모양'을 갖추었지만, 그 능력을 부인해 하나님의 손을 묶을 이들이 나타나리라고 말씀한다. 그들은 주님을 통제하려고 어떤 일이든 할 것이다. 이들의 태도는 "여기서 하나님을 더 이해하기 쉽게 만들자"는 것이다. 그래서 하나님을 상자 안에 꼬옥 가두어 그들이 다루기 쉽도록 말이다.

주께서는 안식일에 성전에서 성소와 지성소를 분리하던 휘장을 "맨 위부터 아래까지 찢으셨다." 그 때부터 사람들은 하나님께서 하실 수 있는 일과 그렇지 않은 일을 논하며 그 휘장을 수선해 놓으려 힘썼다. 역사가 요세푸스는 유대인들이 하나님께서 친히 찢으신 휘장을 문자 그대로 꿰맸다고 전한다.

다시 한번 확실히 말하면, 주께서는 결코 그렇게 되도록 뜻하지 않으셨다. "그들이 그렇게 역겨운 일들을 하고도, 부끄러워하기라도 하였느냐? 천만에! 그들은 부끄러워하지도 않았고, 얼굴을 붉히지도 않았다. 그러므로 그들이 쓰러져서 시체 더미를 이룰 것이다. 내가 그들에게 벌을 내릴 때에, 그들이 모두 쓰러져 죽을 것이다"(렘 8:12).

"시온에 사는 사람들아, 주 너희의 하나님과 더불어 기뻐하고 즐거워하여라. 주께서 너희를 변호하여 가을비를 내리셨다. 비를 흡족하게 내려 주셨으니, 옛날처럼 가을비와 봄비를 내려 주셨다. 이제 타작 마당에는 곡식이 가득 쌓이고, 포도주와 올리브 기름을 짜는 틀마다 포도주와 기름이 넘칠 것이다" (욜 2:23-24).

포도즙 틀이 넘쳐 흐르리라

요엘은 주께서 세우신 마지막 때의 선지자였다. 그는 하늘을 통찰해 유한한 인간들에게 임할 일들을 선포했다. 그가 추수 때에 밀이 어느 만큼 거둬질지에 대해 관심을 기울였다고 생각하는가? 그가 얼마나 많은 포도주와 기름이 쌓일지에 대해 걱정했다고 생각하는가? 요엘은 예언적으로 우리 세대에 대한 말을 한 것이다. 우리에게 선포한 것이지, 자기 주변에 살던 농부들에게 한 말이 아니다.

"이제 타작 마당에는 곡식이 가득 쌓이고." 곡식으로는 빵을 만든다. 빵은 말씀의 상징으로, 주님의 생명의 말씀을 뜻한다. 주께서 그의 백성을 회복시키시고 교회를 회복시키실 때, 우리는 곡식의 풍성함을 맛볼 것이다. 그 때엔 모두를 위한 생명의 빵이 있을 것이다. 그저 성경 공부만 하는 것이 아니다. 그 날에는 모두를 위한 빵이 있을 것이다. 모두가 자신의 영을 인해 만족할 것이다. 모두가 영양 공급을 받고, 각자의 필요를 따라 관심을 받고 힘을 얻을 것이다. "포도주와 올리브 기름을 짜는 틀마다 포도주와 기름이 넘칠 것이다." 그것은 성령의 포도주요 기쁨의 기름일 것이다. 우리에게는 기름과 포도주가 흘러 넘칠 것이다. 할렐루야! 하나님의 축복, 그리고 하나님께서 자신의 백성을 회복시키는 광경이 너무나 풍성할 것이다.

"'나의 생각은 너희의 생각과 다르며, 너희의 길은 나의 길과 다르다.' 주께서 하신 말씀이다"(사 55:8). 우리가 아담으로부터 현재까지 지구상에 살았던 모든 이들의 뇌를 이루는 물질을 모아 그 지성을 어떻게든 합체시키고, 전 인류를 위한 대형 두뇌를 만들어 낸다면 하나님께서 뭐라고 하실지 아는가?

"내 생각은 여전히 너희 생각보다 높다. 내 길은 여전히 너희 길과 같지 않다."

주께서는 영원 전부터 존재해 오셨다. 그리고 영원 후까지 계속 계실 것이다. 모세와 아브라함 같은 이들을 다뤄 오신 분이시다. 왕들과 사사들과 선지자들을 다뤄 오신 분이시다. 초대 교회의 사역을 주관하신 분이시다. 광활한 우주를 지으신 전능하신 하나님이시다! 그리고 거기에 우리가 있다! 우리는 25년, 35년, 혹은 45년, 또는 그보다 조금 더 전에 이 땅에 홀연히 등장한 것이다. 그런데 우리는 스스로 무슨 일을 할지 안다고 생각한다. 너무나 바보 같은 생각 아닌가? 우리는 하나님을 우리 방식이나 사고에 따라 제한함으로써 그분을 묶어 두려 한다.

"메뚜기와 누리가 썰어 먹고 황충과 풀무치가 삼켜 버린 그 여러 해의 손해를, 내가 너희에게 보상해 주겠다"(욜 2:25).

메뚜기와 누리, 황충, 풀무치는 같은 곤충이 성장해 나가는 단계를 상징한다. 결국은 똑 같은 메뚜기다. 하나는 식물의 뿌리를 먹는다. 다른 것은 줄기를 먹는다. 세 번째 녀석은 잎을 먹고, 마지막에는 보이는 모든 것을 먹어 치운다. 그러면 무엇이 남는가? 아무것도 없다. 이것이 우리가 자족감과 무기력, 부주의를 통해 교회에 한 일에 대해 요엘이 선포한 바다. 우리는 메뚜기와 누리, 황충, 풀무치가 남은 것이 없을 때까지 집어 삼키도록 허락해 버렸다.

하지만 하나님의 약속은 "내가 온갖 무기력이 삼킨 것, 자족감이 먹어버린 것, 정욕이 저지른 일들을 너희에게 보상해 주겠다"는 것이다. 어떻게 감히 우리는 하나님을 제한했는가! 진정한 회복이 성취되는 주님의 임재 안으로 피하자.

요한복음 4장을 보면, 우물가의 여인에 대한 이야기가 있다. 이 여인은 우물가에서 예수를 만나 여쭈었다. "선생님, 내가 보니, 선생님은 예언자이십니다. 우리 조상은 이 산 위에서 예배를 드렸는데, 선생님네 사람들은 예배드려야 할 곳이 예루살렘에 있다고 합니다." 그러자 예수께서 답하셨다. "여자여, 나의 말을 믿어라. 너희가 이 산 위에서도 아니고 예루살렘도 아닌 데서 너희가 아버지께 예배를 드릴 때가 올 것이다. 너희는 너희가 알지 못하는 것을 예배하고, 우리는 우리가 아는 분을 예배한다. 구원은 유대 사람에게서 나기 때문이다. 참되게 예배를 드리는 사람들이, 영과 진리로 아버지께 예배를 드릴 때가 온다. 지금이 바로 그 때다. 아버지께서는 이렇게 예배를 드리는 사람들을 찾으신다"(요 4:19-23). 진정한 예배자들은 주님의 임재 안에서 예배할 것이다. 그들에겐 경배하고 주님의 분명한 임재를 체험하는 것이 삶이 될 것이다.

하나님께서는 찾고 계신다. 성령께서는 지구 전역 여기저기를 다니시며, 온 땅을 품고 참된 예배자들, 곧 하나님께 신령과 진정으로 예배 드릴 이들을 찾고 계신다.

예수께서 말씀을 이으셨다. "하나님은 영이시다. 그러므로 하나님께 예배를 드리는 사람은 영과 진리로 예배를 드려야 한다."

하나님께서는 신령과 진정으로 예배하며, 하나님을 제한하지 않고 하나님의 머리 위에 가방을 두지 않을 이들을 찾으신다. 혹은 그들의 머리 앞에 가방을 두고 "난 안 보여. 그렇지가 않잖아. 하나님께서는 그렇게 행하지 않으셔"라고 말하는 이들은 주께 합당치 않다.

회개

예수께서 말씀하셨다. "나는 너희가 있을 곳을 마련하러 간다"(요 14:2). 주께서는 우리를 위해 2층짜리 콘도를 만드시는 것이 아니다. 성령 안에서 우리의 거처를 예비하시는 것이다. 이렇게 말씀하신다. "내가 있는 곳에 너희도 함께 있게 하겠다." 영으로 말이다. 우리가 하나님을 경배하려면, 신령과 진정으로 해야만 한다. 거기엔 제한함도, 망설임도 있을 수 없다. 성령 안에 있는 이곳은 주님의 충만함, 곧 그 임재가 거하는 곳이다.

생명수의 강

"천사는 또, 수정과 같이 빛나는 생명수의 강을 내게 보여 주었습니다. 그 강은 하나님의 보좌와 어린 양의 보좌로부터 흘러 나와서"(계 22:1).

우리가 하나님의 보좌에 가까이 갈 때, 무엇이 나아오는가? 생명수의 강이다. 이것은, 우리가 경배 드리기 위해 하나님의 임재에 나아가려면, 주의 보좌로부터 흘러 나오는, 수정처럼 맑은 생명수의 강에 잠겨야만 한다는 것이다. 우리가 주님의 생명으로 힘을 얻고, 격려받으며 통치되려면 우리는 하나님의 사랑, 능력, 성품으로 충만해야 한다. 우리는 하나님의 임재 앞에 나아가야 한다. 그 임재 안에는 생명수의 강이 흐르고 있고, 이것이 우리에게 필요한 것이다.

하나님께서는 자신의 백성들의 마음을 회복시키고 계신다. 우리 마음의 치유는 하나님의 임재 안에서 일어난다. 변화의 능력과 하나님께서 우리를 위해 예비해 두신 모든 축복(거기엔 우리가 온전케 변할 모습이 포함된다)을 거기서 찾을 수 있다. 우리는 어떻게든 하나님의 임재 안에 **거해야** 한다. 우리에겐 얼마나 간절히 하나님의 임재가 필요한지 모른다!

우리는 자주 전통과 문자적 율법의 늪에 빠져, 문자는 죽이는 것이요 영은 살리는 것임을 잊고 만다. 예수께서 서기관들과 바리새인들의 눈을 똑바로 보시며 말씀하신 바를 잊는 것이다. "당신네들은 성경에서 생명을 찾을 줄로 알고 성경을 구하나, 성경은 나를 가리키고 있는 것이오"(요 5:39-작가의 해석).

하나님의 말씀이 하나님의 생명으로 힘을 얻을 때, 그것은 성령으로 움직여 우리 마음에 새겨지고, 생명이 전해진다.

우리가 성령으로 충만함을 받지 못했다면, 받아야 한다. 이것이 여러분에게 해당된다면, 때로 왜 그토록 힘든 시련을 겪는지 의심해 봤는가? 여러분은 결코 성령의 능력을 떠나서 그리스도인으로서의 삶을 살지 않게 되어 있기 때문이다. 마찬가지로 여러분이 마음의 할례와 하나님께서 내면에 드러내시고자 하는 변화를 위해 물로 세례를 받은 적이 없다면, 당연히 어려움 가운데 거할 수밖에 없다.

"만군의 주님, 주님이 계신 곳이 얼마나 사랑스러운지요. 내 영혼이 주의 궁전 뜰을 그리워하고 사모합니다. 내 마음도 이 몸도, 살아 계신 하나님께 기쁨의 노래 부릅니다"(시 84:1-2). 여러분의 영혼은 주님의 궁전을 그리워하고 사모하는가? 아니면 지금 갖고 있는 것으로 만족하는가? 나는 구원받고, 세례받고, 성령의 충만함을 받은 지가 17년 됐다. 하지만 여전히 주님의 임재를 더욱 갈망하고 있으며, 그분의 사랑과 기름 부으심을 더 받기를 원하고 있다.

이것은 내가 스스로 행하는 것이 아니다. 내가 스스로 애써 하는 일이 아닌, 아침마다 새로운 주님의 자비로 가능한 것이다. 주님의 능력은 우리의 육욕과 이해력을 훨씬 뛰어넘는다.

시편 기자가 주님의 궁전에 가보지 않았다면, 어떻게 그곳의 사랑스러움을 알았을까? "내 영혼이 주의 궁전 뜰을 그리워하고 사모합니다. 내 마음도 이 몸도, 살아 계신 하나님께 기쁨의 노래 부릅니다…… 주의 집에 사는 사람은 복됩니다. 그들은 영원토록 주님을 찬양합니다"(시 84:2, 4). 하나님께서 갈망하시는 것은 오직 주말에만 방문하는 신부가 아닌, 하나님의 집에 영원히 성령으로 거할 백성이다.

주님의 집에 거한다는 것은 우리를 매일 죄로 얼룩진 삶에서 자유하게 해준다.

"주님께서 주시는 힘을 얻고, 마음이 이미 시온의 순례길에 오른 사람들은 복이 있습니다"(시 84:5). 하나님으로 마음에 시온의 대로를 새기시도록 해드렸는가? 하나님께 비밀한 것이 위치한 곳까지 내어드렸는가? 돌 같은 마음을 살 같은 마음으로 변화시켜 주시도록 해드렸는가?

여러분이 원한다면, 하나님께서는 여러분을 자신의 목적대로 사용하실 것이다. 여러분이 원한다면, 우리의 상상을 초월하는 차원의 교제와 친밀함에 이르게 될 것이다. 하나님을 간절히 갈망하고 그 임재 안에 거하기 위해 필요한 모든 값을 지불하려는 이들에게는 충만함과 자녀 됨의 축복이 기다리고 있다.

하나님의 계획과 열정은 이 땅에 순결하고, 헌신된 백성을 통해 하나님 자신을 드러내시는 것이다. 이 갈망은 결코 변한 적이 없다.

주께서는 그의 지혜와 거룩함을 우리 마음의 진정한 찬양, 경배, 그리고 개인적 친밀함과 연합시키실 것이다. 그러면 주님의 임재는 죽어 가는 세상 가운데 너무나 분명히 드러날 것이다. 그러니 마음을 좇으라! 여러분 안에 있는 불타오르는 갈망 곧 하나님께서 원하시는 대로 하고자 하는 마음을 따르라. "네, 주님!"이라고 말하며 많은 것들을 포기하고, 담대하라. 여러분 자신을 하나님의 자비와 은혜 아래 두고, 기도하라.

"제 존재, 제 모든 소유와 소망, 꿈은 주님의 것입니다. 주 뜻대로 저를 쓰소서. 저를 향하신 그 갈망을 모두 이루시기를 원합니다. 제 뜻대로 하고자 했던 것을 용서하소서. 저를 두려움 없는 주의 길로 인도하소서. 주님을 의지하나이다."

이제 매일 주님을 기다리며, 기도로 주께 여러분 자신을 내어드리고 하나님께서 말씀을 지키시는지 안 지키시는지 두고 보라! 하나님의 왕국이 완전히 새로운 모습으로 여러분 앞에 펼쳐질 것이다. 주께서 여러분을 친히 하나님께로, 곧 그 분명한 임재에로 인도하실 것이다.

후기

우리는 모두 너울을 벗어 버리고, 주님의 영광을 바라봅니다. 이렇게 해서, 우리는 주님과 같은 모습으로 변화하여, 점점 더 큰 영광에 이르게 됩니다. 이것은 영이신 주께서 하시는 일입니다(고후 3:18).

주님의 분명한 임재를 향한 탐구는 몇 년 전에 내 마음에 지펴진 불이다. 12년간 그리스도인으로서 살아 온 내 마음에 무언가 이렇게 말하고 있었다. "주님을 섬기는 데에는 우리가 경험한 것 이상이 있을 것이다. 기독교라고 불리는 이것에는 눈에 보이는 것 이상의 무엇이 있을 것이다." 나는 그동안 만져보고 겪어 온 것은 빙산의 일각에 불과하다는 초자연적인 확신을 받았다. 내 마음 가장 깊은 곳에서, 더 체험할 수 있는 것이 있음을 알 수 있었다.

나는 하나님의 충만함을 구해 왔다. 나는 하나님 안에서 깊음을 발견했다. 전에 결코 보지 못했던, 하나님께서 우리에게 바라시는 관계와 체험의 깊이를 보았다. 하나님께서는 빛과 계시, 하나님과의 친근한 관계를 우리가 체험하기를 바라며 기다리신다. 그것이 십자가의 건너편에 있다. 순결의 반대편, 깨어짐의 반대편, 포기의 반대편에 말이다. 거기서 우리는 체험할 수 있다. 수건이 걷힌 주님의 영광의 얼굴, 곧 예수 그리스도의 얼굴을 볼 수 있는 것이다.

주 예수께서 선포하셨다. "나는 더 이상 당신들을 종이라 하지 않겠소. 왜냐하면 종은 주인의 하는 일을 알지 못하기 때문이오. 이제부터는 친구라 하겠소." 주께서는 여전히 친구라 부를 수 있는 남녀들을 찾고 계신다. 주께서는 진정한 교제와 친밀함이 일어날 수 있는 지성소로 우리를 부르고 계신다. 믿음의 지경을 초월하며, 믿음을 통해 진짜 현실에 영향을 미치는 주님의 임재가 있는 곳 말이다. 주께서는 말씀이 육신이 되고, 우리가 단지 기록된 말씀이 아닌 매일의 삶 속에서 살아계신 하나님과의 참된 교제를 체험할 수 있는 그곳으로 우리를 데려가기를 원하신다. 하나님 안에 있는 그곳을 향해 갈 모든 성도들을 기다리는 연합이 지금도 존재한다.

하지만 이 사람들은 남은 자다. 아브라함의 씨 전부가 이를 체험하는 것이 아니며, 이삭의 씨라고 모두 그런 것도 아니다. 천사와 씨름해 새 이름을 얻은, 야곱을 통해 난 자들이라야 한다. 깨어지고 이기심이 없어, 오직 주 예수 그리스도께 기쁨과 명예와 영광을 돌리고자 불타오르는 사람들이 그들이다. 이 친밀함의 장소는 휘장의 건너편에 있는 이들을 위해 예약되어 있다. 그리고 성령의 외침이 여기로 올라온다. "이리 올라오라. 그리하면 내가 아버지께로 갔을 때 너희를 위해 예비해 둔 장소를 체험할 수 있을 것이다." 은사보다 깊은 곳으로 향하는 교제의 장소가 있다. 사역보다 깊은 곳으로 향하는 교제의 장소가 있다. 우리가 성령의 세례로 만지심받는 것을 초월하는 지식과 지혜가 있다. 하나님의 심장이 우리를 부르는, 우리가 그저 부분적으로 알고 부분적으로 예언하는 것이 아니라 주께서 우리를 아시듯 온전히 알게 되는 충만함의 깊이가 있다. 우리는 더 이상 거울 속에서 어둡게 보는 이들이 아니라, 대면해서 보게 될 수 있다. 어릴 적의 것들을 내려놓고 성숙한 자녀로서 영광스런 일들을 감당하는 사람들이 될 수 있다.

    우리는 예레미야 31장의 체험을 해야 한다. 하나님께서는 자신의 백성들을 위한 새 언약을 마련하셨다. 하나님의 율법이 우리 마음 가운데 새겨지는 언약 말이다. 주님의 도가 우리 안에 심길 것이요 주께서는 온전히 우리 하나님이 되시고, 우리는 온전히 그분의 백성이 될 것이다. 또한 작은 자로부터 큰 자까지 모두 그분을 알 것이다. 하나님께서는 우리가 그저 표면적으로 알고, 표면적으로 면식하는 것이 아니라, 체험을 통한 깊고 영속적이며, 친밀한 지식을 갖게 되길 바라신다. 남편이 아내의 가장 은밀한 부분까지 알듯이 말이다.

분명한 주님의 임재는 우리가 안전히 거할 곳, 우리가 보호를 받을 곳이다. 주님의 분명한 임재는 우리가 변화를 겪고 회복을 만날 곳이다. 성소 안에 있는 주님의 분명한 임재는 우리가 사역할 곳으로, 거기서 세상이 그리스도를 보게 될 것이다. 교리나 제도, 교회, 신학이 아닌 메시아 말이다.

그리스도께서는 헌신된, 깨어진 그릇들을 통해야만 세상에 드러나신다. 주께서는 온전히 하나님께 드려진 백성들에게, 그리고 그들을 통해서 놀라운 영광의 임재를 나타내실 것이다.

시편 기자가 분명한 임재의 영광을 체험해 보지 않았다면, 어떻게 "주님을 모시고 사는 삶에 기쁨이 넘칩니다. 주께서 내 곁에 계시니, 이 큰 즐거움이 영원토록 이어질 것입니다"라고 말할 수 있었을까? 그러한 친밀함을 맛보지 않았다면 어떻게 다윗은 "나 이제 주의 날개 그늘에서 주님을 즐거이 노래하렵 니다"라고 외칠 수 있었을까?

   이사야 선지자는 이 마지막 때를 보고, 이렇게 말했다. "그리고 주께서 딸 시온의 부정을 씻어 주시고, 심판의 영과 불의 영을 보내셔서, 예루살렘의 피를 말끔히 닦아 주실 것이다. 그런 다음에, 주께서는 시온 산의 모든 지역과 거기에 모인 회중 위에, 낮에는 연기와 구름을 만드시고, 밤에는 타오르는 불길로 빛을 만드셔서, 예루살렘을 닫집처럼 덮어서 보호하실 것이다. 하나님께서는 예루살렘을 그의 영광으로 덮으셔서, 한낮의 더위를 막는 그늘을 만드시고, 예루살렘으로 폭풍과 비를 피하는 피신처가 되게 하실 것이다"(사 4:4-6). 이사야 선지자는 마지막 때에 나타난 하나님의 임재가 모세와 이스라엘 자손들이 출애굽 때에 보았던 것보다 더 영광스러움을 보았다.

  이것이 우리 마음의 목표가 되어야 한다. 우리 안의 모든 것, 우리의 모든 영혼, 우리의 모든 힘과 능으로 주님을 구하는 것 말이다. 성령의 은사로 만족하지 않고, 하나님의 축복으로 만족하지 않고, 심지어 사역과 소명, 재능과 능력의 복으로도 만족하지 않아야 한다. 오직 한 가지, 주님 외에는 어떤 것으로도 만족하지 않는 영원한 열정이다. 다윗의 장막으로부터 솔로몬의 성전까지, 언약궤에는 하나님의 돌판에 기록하신 말씀밖에 없었다. 그러나 이제 온전히 하나님께 바쳐져서 그 마음에 어떠한 미리 받은 동기도 은사도, 사역도 살아계신 하나님과 참으로 누리는 개인적 관계의 짜릿함보다 더 높이 두지 않는 사람들이 있을 것이다. 주 하나님께서 우리를 향해 팔을 펴시고 오라고 부르신다.

하나님의 현저한 임재

지은이 단 노리
펴낸이 김혜자
옮긴이 고병현

1판 1쇄 인쇄 2009년 4월 13일 | 1판 1쇄 펴냄 2009년 4월 17일

등록번호 제16-2825호 | **등록일자** 2002년 10월
발행처 쉐키나 출판사 | **주소** 서울시 강남구 대치3동 982-10
전화 (02) 3452-0442 | **팩스** (02) 3452-4744
www.ydfc.com
www.tofdavid.com

값 10,000원
ISBN 978-89-92358-28-6 03230

※잘못된 책은 바꿔 드립니다.

쉐키나 미디어는 영적 부흥과 영혼의 추수를 위해 책, CD, TAPE, 영상물 등의 매체를 통해 하나님 나라가 7대 영역(가정·사업·정부·교육·미디어·예술·교회)으로 확장되는 비전으로 나아가고 있습니다.

www.tofdavid.com 쉐키나 도서 안내

축사와 치유 1
피터 호로빈 지음 | 박선규 옮김 | 408면 | 14,000원

제자들에게 귀신을 쫓아내라고 하신 예수님의 분부가 지상명령의 중대한 부분이었는가?
그렇다면, 교회는 왜 치유와 축사에 대해 거의 가르치지 않고 있는가?
피터 호로빈은 두 권의 시리즈를 통해 믿는 자들에게 흔히 무시되고 있는 이 영역에 관심을 갖기를 촉구한다. 그는 깊은 성경적 가르침을 통해 축사 사역이 지상명령의 필수적인 부분이었다는 것을 효과적으로 실증해 보인다.
지상명령은 모든 시대의 교회를 위한 것이다.
축사와 치유 제 1권은 축사와 치유 사역을 위한 성경적 토대를 깔아 준다.
호로빈은 예수님과 초대교회 사역을 상세히 분석하며, 천사와 귀신들의 초자연적인 영역을 살펴보고,
또한 어둠의 세력들이 어떻게 사람들의 삶에 영향을 미치는지를 탐구한다.
그는 많은 어려운 질문들에 온전한 대답을 제공해 줌으로써, 당신이 하나님의 부르심에 반응하도록 준비시켜 줄 것이다.

영적 전쟁 이렇게 하라
닐 앤더슨 & 티모시 워너 지음 | 진희경 옮김 | 232면 | 10,000원

모든 영적 전쟁은 우리의 생각 속에서 일어난다. 우리가 믿는 것이 승리를 취하는 단계를 좌우한다. 새신자든지 오랫동안 크리스천으로 살아왔든지 간에 대적의 능력에 맞서 매일매일 더 큰 승리의 자리로 나아가야 한다. 영적 전쟁의 기초 훈련에 있어서 탁월한 매뉴얼이다. 다음 단계의 전투로 나아가기 전에 꼭 읽어야 한다.

성령을 이렇게 받으라
퀸 세러 & 루산 갈록 지음 | 장택수 옮김 | 224면 | 10,000원

나는 성령으로 충만한가?
성령이 없다면 예수님이 약속하신 풍성한 삶을 살아갈 수 없다.
이 책은 당신의 신앙생활을 더욱 풍성하게 하는 첫걸음이 될 것이다.
성령을 어떻게 경험할 수 있을까? 방언은 반드시 해야 하는가?
도대체 성령은 누구인가? 퀸 세러와 루산 갈록은 성경과 경험담과 역사적 배경을 근거로 우리가 성령 받기를 바라시는 하나님의 갈망을 설명한다. 그리고 영적인 활력을 유지하는 실제적인 조언도 전한다.

열방을 치유하라
존 로렌 샌포드 지음 | 임종원 옮김 | 416면 | 14,000원

어떻게 상처 입은 세상에 희망과 치유를 가져올 수 있는가?

베스트셀러 저자 존 로렌 샌포드는 하나님의 사람들이 가정, 지역사회 (공동체), 나라, 세계에서 커다란 차이를 만들어낼 수 있다고 믿는다. 어떻게 그렇게 할 수 있겠는가? 이 책에서 샌포드는 기꺼이 자기 자신의 문제를 뛰어넘어 상처 입은 사람들을 끌어안으려는 성숙한 하나님의 아들과 딸들이 필요하다고 말한다. 우리는 모두 학대, 민족에 대한 증오심, 또한 인종 청소의 고통을 비롯한 온갖 상처를 치유하기 위해 하나님께서 사용하시는, 기꺼이 서로 짐을 나누어 지는 중보기도자가 될 수 있다. 샌포드는 이 책에서 다음과 같은 내용을 자세히 설명하고 있다.
- 어떻게 세대 간의 죄가 가정이나 나라를 통해 전해지는가
- 세대 간의 죄과 중독을 치유하는 법
- 사탄의 종합 계획과 그 영향력을 최소화하는 법
- 서로 짐을 나누어 지는 일에서 얻는 7가지 보상
- 개인이나 공동체의 정신적인 견고한 요새에서 탈출하는 법
- 한 나라에서 국가적인 부흥을 풀어내는 열쇠들

하나님의 현저한 임재
단 노리 지음 | 고병헌 옮김 | 224면 | 10,000원

하나님의 분명한 임재는:
- 하나님과 영원히 친밀함을 누리는 것이다.
- 다가올 폭풍우로부터의 피난처다.
- 하나님의 만지심을 받는 진정한 예배다.
- 솔로몬의 성전에 계시된 하나님의 충만함이다.
- 매일 지속적인 기적을 체험하는 것이다.

우리는 다윗의 장막의 예배로부터 솔로몬의 성전으로 나아가, 하나님의 분명한 임재를 체험해야 한다. 우리가 하나님의 충만함을 누리고 다가올 환란 날들 가운데 보호를 받으려면 그 임재가 필요하다. 여기 그 임재 안으로 들어갈 수 있는 방법들이 있다.

쉐키나 미디어는 영적 부흥과 영혼의 추수를 위해 책, CD, TAPE, 영상물 등의 매체를 통해 하나님 나라가 7대 영역 (가정·사업·정부·교육·미디어·예술·교회)으로 확장되는 비전으로 나아가고 있습니다.

전국 기독교 서점에서 구매 가능합니다.
구입 문의 (02)3452-0442 쉐키나 출판

초자연적 삶을 살라
신디 제이콥스 지음 | 편집부 옮김 | 216면 | 값 9,000원

베스트셀러 저자 신디 제이콥스의 이 책은 성령세례를 갈망하는 새신자뿐만 아니라 목회자에 이르기까지 더욱 강력한 성령의 역사를 갈망하는 모든 사람들에게 유익하다. 자신의 성령세례의 체험에서부터 성령님의 기름부으심으로 사역했던 많은 사역자들의 예화를 통해 성령님을 향한 우리의 열정을 더욱 불러일으키고 있다. 하나님께서 허락하신 하늘과 땅의 모든 권세, 초자연적 성령의 역사하심이 가장 자연스러운 삶! 초자연적 삶으로의 초대이다.

부흥의 우물을 파라
루 엥글, 캐서린 페인 지음 | 김영우 옮김 | 304면 | 값 12,000원

이 책에 나타난 루엥글의 열정은 당신의 마음에 부흥을 가져올 영적 유산을 다시 찾기 위해 하나님께 나아가도록 동기를 부여할 것이다. 우리의 역사 안에 우리의 희망이 있다. 이 책은 우리나라의 영적 유산에 우리의 관심을 돌리게 한다. 20세기 초의 아주사(Azusa) 거리 부흥운동에서부터 토론토, 볼티모어, 그리고 21세기에 들어갈 무렵의 브라운스빌에 이르기까지 루 엥글(Lou Engle)은 과거의 일이 현재에도 일어날 수 있다는 것, 즉 과거에 물이 마음껏 흐르던 곳에서 오늘날 다시 샘이 솟아날 수도 있다는 사실을 우리에게 상기시켜 준다. 이 책에서 루 엥글은 우리에게 그 이정표를 다시 찾아가서 헌신을 새롭게 하고 우물을 다시 파서 그 전보다 더 큰 부흥과 기름부음이 터져 나오게 하라고 도전하고 있다.

신사도적 교회로의 변화
피터 와그너 지음 | 김영우 옮김 | 238면 | 값 9,800원

제2의 사도적 종교개혁 시대를 맞이하여 교회가 이 땅에 하나님 나라를 이루는 데 당신이 어떻게 기여할 수 있는가를 정확히 보여 주고 있다.
교회의 혁명적 개혁을 다룬 이 책은 바로 이 시대에 성령의 능력으로 일어나고 있는 흥미진진한 일들을 조명해 주고 있다.

하나님의 뜻이 이 땅에서 이루어지기 위해 우리는 하나님의 의도를 알고 그것을 성취하기 위해 함께 일해야 한다. 역사를 만드는 자가 되자. 그리고 근본적인 변화를 위한 하나님의 부르심에 응답하자!

당신의 자녀를 영적 챔피언으로 훈련시켜라
조지 바나 지음 | 차동재 옮김 | 214면 | 값 8,500원

어린이의 도덕적 성장이 아홉 살 이전에 완성된다. 그러므로 가능한 한 아주 어릴 때부터 적대적인 세상사고와 가르침의 공

세로부터 그들을 보호할 성경적 세계관을 전해 줄 수 있어야 한다. 교회는 부모에게 아이들을 하나님의 사람으로 양육하는 데 필요한 정보와 유익한 상담을 제공해야 한다. 지금은 부모를 무장시켜 아이들을 '영적 챔피언'으로 길러야 할 때다!

하나님이 말씀하실 때
척 피어스, 레베카 와그너 시세마 지음 | 214면 | 값 9,000원

하나님의 말씀을 경청하는 법, 꿈과 비전을 해석하는 법, 그리고 우리가 이해한 것을 실천함으로써 궁극적으로 하나님이 주신 비전을 어떻게 실천할 수 있는지를 보여 준다. 우리는 하나님의 음성을 인식하는 것을 배워야 한다. 그리고 그렇게 함으로써 우리의 삶을 향하신 하나님의 뜻을 이해할 수 있다. 구별된 하나님의 음성이 현실이 될 때까지, 우리가 하나님의 음성에 따라 행동하는 것은 성공적인 크리스천의 삶을 사는 열쇠이다.

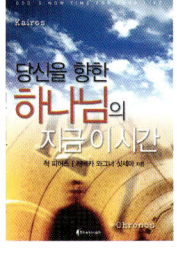

당신을 향한 하나님의 지금 이 시간
척 피어스, 레베카 와그너 공저 | 권지영 옮김 | 224면 | 값 9,000원

하나님께서 당신을 어머니의 태 속에 만드셨을 때 그분은 당신의 삶을 위한 분명한 목적과 시간을 가지고 계셨다. 수정이 이루어지는 바로 그 순간 당신의 삶의 주기는 시작되었다. 하나님은 모든 사람들의 인생을 위해 놀라운 소명을 가지고 계시지만 많은 그리스도인들은 하나님이 그들을 위해 가지고 계신 모든 것을 다 깨닫지도 못한 채 죽음을 맞이한다. 그 이유는 무엇인가?
이 책을 통해 당신의 잠재적인 가능성에 도달할 수 있는 역동적이고 생명을 주는 해답을 찾게 될 것이다. 하나님의 인도하심을 찾을 수 있는 풍성하고 새로운 통찰력, 황량함을 부수고 나오는 방법, 더디 이루어지는 소망을 다루는 방법 등 성취와 목적을 향해 전진해 나가는 법을 이해하게 될 것이다.
그리고 하나님의 '지금 이 시간'대로 움직이는 방법을 찾게 될 것이다. 성취와 목적을 향해 전진해 나가는 법을 이해하게 될 것이며, '가장 좋은 것은 아직 오지 않았다'는 새로운 소망을 갖게 될 것이다!

중보기도 이렇게 하라
더치 쉬츠 지음 | 고병현 옮김 | 212면 | 값 9,800원

중보기도는 어떤 것인가?
쉬운 것 같으면서도 어려운 중보기도. 과연 중보기도는 어떤 것이며 어떻게 시작해 나가야 하는 것인지를 너무나도 상세하

www.tofdavid.com 쉐키나 도서 안내

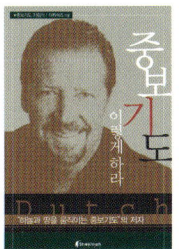

게 표현해 주고 있다.

중보기도의 첫 시작은 하나님과의 관계에 있다. 우리는 하나님과의 사랑의 관계에 초대되었다. 우리가 기도하는 동기는 관계, 즉 하나님과의 소통에 있어야만 한다. 예수님과의 순수하고 명료한 관계 안에서 시작하는 것이 중보기도의 우선순위이다. 기도와 중보는 곧 사귐이요 관계요 놀라우신 하나님 아버지와 동역하는 것이다.

중보에는 만남이 있으며 위험으로부터 보호하는 능력이 있으며, 인내하는 아픔과 적을 향한 공격과 선포가 있으며 또한 기쁨이 있다.

하나님과의 사랑의 관계 안에서, 하나님과 다른 이들 사이의 만남을 이루고, 하늘과 땅이 만나 운명이 바뀌는 삶. 그저 신실하신 하나님께서 주시는 도움을 받는 중보의 삶. 그 속에서 발견하는 하나님의 성품과 능력. 이 책을 통해 저자와 함께 중보의 여정을 시작해 보자.

당신은 기름부음 받은 자
바바라 웬트로블 지음 | 권지영 옮김 | 248면 | 값 9,800원

많은 믿는 자들이 기름부음에 대해 이야기하지만 기름부음이 무엇이고 어떻게 작용하는지에 대해서는 거의 이해하지 못한다.

이 책은 그것에 대해 다룬 실질적인 지침서이다. 하나님께서는 어떤 목적을 위해 모든 그리스도인들에게 기름부음을 주셨다. 당신의 기름부음은 무엇인가? 어떻게 기름부음을 나타낼 수 있는가? 당신이 기름부음으로 움직이기 시작할 때 어떤 일이 일어나는가? 이 책을 통해 당신의 삶을 향한 하나님의 특별한 목적이 무엇인지 찾으십시오! 당신이 성공할 수 있도록 하나님께서 어떻게 준비시켜 주셨는지 알아보십시오!

축복된 삶
로버트 모리스 지음 | 김영우 옮김 | 272면 | 값 11,000원

축복을 받는다는 것은 초자연적 능력이 당신을 위해 역사한다는 뜻이다. 축복을 받은 사람의 하루 하루는 하나님이 허락하신 우연과 하늘에 속한 의미 있는 일들로 가득 차 있다. 하나님은 당신이 드리는 것을 필요로 하시는 분이 아니다. 다만 당신이 축복을 받아야 할 필요가 있다. 드림으로써 받는 축복이 얼마나 대단한 것인지, 그리고 청지기로서의 삶이 어떠한 모습인지 이 책을 통해 볼 수 있을 것이다.

십일조, 헌금, 구제는 고사하고 내 삶을 위해 쓰기에도 빠듯한 재정상황. 이 책은 하나님과의 바른 관계를 먼저 세움으로써 나누어 주고, 드리는 풍성한 삶, 넉넉한 삶으로 나아가는 길을 제시해 준다. 당신은 곧 축복된 삶을 사는 방법을 발견하게 될 것이다.

하나님을 들으라
짐 골 지음 | 권지영 옮김 | 190면 | 값 10,000원

우리 모두는 하나님의 음성을 들을 수 있고 하나님께 말할 수 있다! 개인적으로 하나님의 음성을 듣지 못하도록 막고 있는 장애물을 극복하는 법을 알려 주고, 하나님으로부터 오지 않은 말씀으로 인해 잘못된 길로 빠지지 않도록 피할 수 있는 방법을 가르쳐 준다. 귀를 열어 주고 마음을 열어 주는 짐 골 목사의 책은 쉬운 문체와 함께 자기 자신의 여정에서 겪은 재미있는 이야기들로 우리를 하나님의 마음에 더 가까워지도록 인도해 주는 원리를 매우 쉽고 분명하게 설명해 준다.

긍휼의 리더십
테드 엥스트롬 & 폴 세더 지음 | 메리안 이 | 208면 | 값 9,800원

'너희 중에 누구든지 으뜸이 되고자 하는 자는 너희 종이 되어야 하리라'

이 책은 긍휼의 종으로서 사람을 인도하신 예수님을 따르려는 모든 기독교 지도자들에게 큰 도전이 되는 내용을 담고 있다. "너희 중에 누구든지 으뜸이 되고자 하는 자는 너희 종이 되어야 하리라" 이 말씀으로 예수님은 긍휼의 리더십의 본을 보여 주신다. 현대에 사는 우리가 이 말씀을 마음에 새긴다면, 리더십 스타일이나 모델, 방법에 대한 우리의 생각이 바뀌게 될 것이다.

엘리야 혁명
짐 골 & 루 엥글 지음 | 권지영 옮김 | 256면 | 값 12,000원

이 책은 이전과는 다른 극단적인 거룩함과 그리스도를 향한 헌신의 삶으로 당신을 도전케 할 것이다. 이는 매우 필요한 일이며 지금 바로 그 시간이다. 이 책은 역사를 만드는 사람들을 위한 부르심이다.

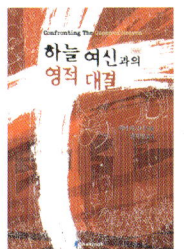

하늘 여신과의 영적 대결
피터 와그너 지음 | 권지영 옮김 | 79면 | 값 4,800원

사탄의 위계에서 높은 서열을 차지하고 있는 정사는 오랜 세월 동안 수많은 잃어버린 영혼들의 눈을 가리워 왔다. 이 책에서 피터 와그너 박사는 하늘 여신이 과거에 자신의 목적을 어떻게 이루어 왔는지 그리고 오늘날 어떻게 자기 자신을 드러내고 있는지를 살펴보고 있다.

하나님은 우리에게 하늘 여신과 대결하라는 명령을 주셨다. 이

작은 책은 처음에 이 명령을 어떻게 받게 되었는지 그리고 하나님께서는 그분의 군대가 어떻게 전쟁으로 들어가기를 기대하고 계시는지를 보여 준다.

교회의 미래전쟁
척 피어스 & 레베카 와그너 시세마 지음 | 메리앤 이 옮김 | 432면 | 값 14,000원

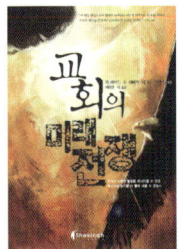

앞으로 교회가 충돌하게 될 미래의 상황을 예언하는 책이다. 그러나 이것은 단순한 예언서가 아니다. 이 책은 우리가 보고 있는 교회의 통치 질서의 변화와 마틴 루터나 존 캘빈 시대에 경험했던 것보다 더 엄청난 권세에 대해 계시해 주고 있다.

이 책은 우리 세대에 하나님 나라를 위해 하나님께서 계획하신 것이 무엇인지에 대한 분명한 예언적 창문이다. 저자는 하나님의 군대가 교회의 미래전쟁에서 어떻게 하면 승리에서 승리로 나아갈 수 있는지를 보여 주며, 실질적인 전략지침을 우리에게 주고 있다. 이 책은 우리에게 경종을 울려줄 뿐만 아니라 어떻게 하면 원수를 이길 수 있는지에 대한 구체적인 방법까지 제시하고 있다. 이 책은 마음에 새로운 열정을 불어 넣어 줄 것이고 예수님께서 말씀하신, 땅 끝까지 복음이 전해질 때 일어날, 세계적인 영적 대변화가 일어나는 것을 볼 때까지 싸울 수 있는 용기를 줄 것이다.

기도의 용사가 돼라
엘리자베스 알베스 지음 | 김주성 옮김 | 304면 | 값 11,000원

기도가 우리의 삶에 큰 비중을 차지하고 있음을 우리 모두는 잘 알고 있다. 그러나 소수의 사람들만이 기도에 숙련되고 있다고 느낀다. 우리는 열정적이고 능력 있는 기도를 어떻게 해야 하는지에 대한 실제적이면서도 명확한 지침서로부터 유익을 얻고자 한다. 중보기도를 시작하는 사람에서부터 능숙한 중보기도자에 이르기까지 모든 사람들에게, 이 책은 기도의 본질적이고 능력 있는 온전한 지침서가 될 것이다.

오늘날의 사도
피터 와그너 지음 | 박선규 옮김 | 240면 | 11,000원

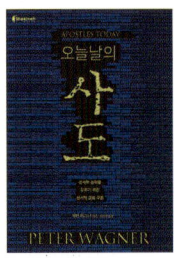

사도적 영역에서 우리 세대의 가장 위대한 권위자라 할 수 있는 피터 와그너는 이 주제들에 관하여 수년 동안 글을 써왔다. 〈오늘날의 사도〉는 1990년대에 시작하여 지금까지 지속되고 있는 신 사도적 개혁의 진보에 대해 조명해 준다. 하나님의 뜻이 이 땅에 이루어지는 것을 볼 수 있기 위해, 사도들에게 하나님과의 관계 속에서 올바른 위치를 차지하라고 외치고 있다. 건강한 교회들과 일터와 도시와 각 나라들에서 사도의 역할이 무엇인지에 대해 신선한 비전을 제시해 준다.

사도와 선지자
피터 와그너 지음 | 임수산 옮김 | 224면 | 11,000원

예수님께서는 자기 자신을 교회의 모퉁이돌로 나타내셨다. 그분은 직접 자신의 교회를 세우셨고, 지금도 세우고 계시되 성령의 능력을 받은 자들인 사도와 선지자들을 통하여 그 일을 하고 계신다. 〈교회의 지각변동〉을 저술했으며 동시에 신 사도적 개혁을 이끌고 있는 저자는 교회 안의 중대한 역할로 사람들이 어떻게 부름받게 되는지에 대한 새로운 통찰력을 제공하고 있다.

하나님과의 조우
체 안 & 린다 M 래드포드 지음 | 김현경 옮김 | 288면 | 값 13,000원 | 포켓판 | 352면 | 9,500원

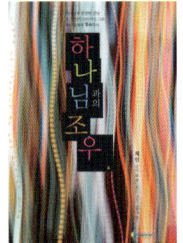

이 책은 종교적인 책이 아니다. 당신의 삶을 변화시킬 진정한 만남을 소개하는 책이다. 당신이 인생에서 진리와 의미를 찾기 원한다면 그리고 인생의 목적을 찾기 원한다면 이 책을 읽어 보라. 초자연적 실존이신 그분을 만나게 될 것이다.

하나님과 꿈꾸기
빌 존슨 지음 | 조앤 윤 옮김 | 264면 | 13,000원

당신의 세계를 다시 디자인하라. 이 책의 저자 빌 존슨은 당신의 가정과 사회, 직장 혹은 사업, 나라와 세계를 변혁시키시기 위해 필요한 모든 것에 제한이 없는 하나님의 공급함을 사용하는 비밀을 보여 준다.

오직 한 가지
척 피어스 & 파멜라 피어스 지음 | 김현정 옮김 | 248면 | 12,000원

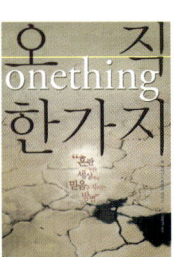

불확실한 미래를 바라보며 엘리야는 예수님과 같은 행동을 취했다. 그는 잠잠하고 조용한 가운데 하나님의 음성을 들을 수 있었다. 〈오직 한 가지〉는 주님의 음성을 듣기 위해 잠잠한 가운데 머물 수 있도록 매 순간 우리의 영혼을 소성케 할 것이다. 믿음의 도전과 삶의 실질적인 원리들로 가득한 이 책은 당신에게 새로운 힘을 불어 넣어 하나님께서 특별하게 계획하신 사명을 완수하기 위해 세상 속으로 힘차게 걸어 들어갈 수 있도록 격려할 것이다. 잠잠히 들어 보라. 지금 주님께서 말씀하고 계시지 않은가?